JN323483

Social Skills For Managers and Members in the workplace

2

ライブラリ ソーシャルスキルを身につける

上司と部下のための

ソーシャルスキル

相川 充・田中健吾

共著

サイエンス社

「ライブラリ ソーシャルスキルを身につける」刊行にあたって

私たちは人間関係の中に生まれてきます。生まれた瞬間に親子関係やきょうだい関係があり、成長に伴って友人や恋人との関係が始まり、夫婦関係を築き、老いを迎え、そして人間関係の中で死んでいきます。

その人間関係が希薄になったと言われています。人間関係で深く傷ついたという話も多く耳にするようになりました。人との関係がうまく始められない、始まった関係を維持できない、深められない。そういう人が増えているのではないでしょうか。

このライブラリは、ソーシャルスキルの観点から、人間関係にどのように対処したら良いのか提案したいという意図から生まれました。ソーシャルスキルとは、人とつき合うために必要な技術です。このライブラリでは、具体性のある実行可能な物の考え方や行動の仕方を紹介します。

人間関係の傷を癒し、私たちに喜びを与えてくれるのも人間関係です。皆さまが、このライブラリでソーシャルスキルを身につけて、人間関係を上手に開始し、維持し、発展させて、実り豊かなものにしてくださることを願ってやみません。

2003年11月

監修者　相川　充

はじめに――自分を変えるために

「職場の人間関係」、あるいは「会社の人間関係」と聞いて、あなたは何を思い浮かべますか？　何か楽しいことが思い浮かぶでしょうか？　うれしい気持ちになりますか？

ビジネスパーソンに講義をするときや、企業の社員研修会の講師に呼ばれたときなどに、私は「職場の人間関係と聞いて、何か楽しいことが思い浮かぶ人はいますか？」と尋ねて、手をあげてもらいます。たいてい誰も手をあげません。多くのビジネスパーソンは、「職場の人間関係」あるいは「会社の人間関係」という単語を聞いても、楽しいことは思い浮かばず、うれしい気持ちにはならないようです。

それどころか、職場の人間関係は、退職理由のトップを占めると言われています。ある調査で退職理由を尋ねたところ、二五％以上の人が「人間関係」だと答えています。しかも、会社には「家庭の事情」と伝えたけれども実際は「職場の人間関係」だったという人もかなりの数にのぼったそうです。

多くの成人は、職場で毎日を過ごしています。朝、職場に出かけて、夕方、職場を離れる。こうして一日の大半を職場で過ごす日々を重ねて、私たちの人生が過ぎていきます。つまり多くの成人は、人生の大半を職場で過ごしていることになります。人生の大半を過ごす職場の人間関係が楽しいものでないならば、人生の大半も楽しいものではなくなってしまうかもしれません。

では、なぜ、「職場の人間関係」と聞いて、楽しいことが思い浮かばないのでしょうか?

ある四〇代のビジネスパーソンは、「職場には、口うるさい上司がいる、嫉妬する同僚がいる、言うことを聞かない部下がいる。つらいもの、うっとうしく面倒くさいもの、できるだけ避けたいもの、それでも、あきらめて受け入れるしかないもの。職場の人間関係とは、そもそも、そういうものです」と、確信を込めて答えてくれました。確かに職場の人間関係は、〝そういうもの〟なのかもしれません。

しかし、もし、職場の人間関係が〝そういうもの〟だとしたら、それらの原因や責任の半分は、自分にあると思わなくてはなりません。なぜなら人間関係は、一人では成り立たないからです。人間関係とは、文字通り、人と人との関わりのことですから、人間関係の一方に相手がいて、もう一方には自分がいます。口うるさい上司がいるなら、それは上司を口うるさくさせている部下としての自分がいるせいかもしれません。嫉妬する同僚がいるなら、それは同僚に嫉妬を起こさせている自分のせいかもしれません。言うことを聞かない部下がいるなら、それは部下を納得させられない上司としての自分がいるせいかもしれません。

楽しくない職場の人間関係の向こうに相手がいて、こちらに自分がいるとき、その関係を少しでも良くするには、相手に変わってもらうか、自分が変わるか、どちらかしかありません。相手に変わってもらうのと、自分が変わるのと、どちらが簡単にできるでしょうか？　ビジネス流の言い方をするならば、どちらが、コスト・パフォーマンスが良いでしょうか？

相手を変えるのは容易なことではありません。なにしろ簡単に変わってくれるような相手ではないからこそ、相手との関係に苦労しているのですから。その相手に向かって変わるように働きかけるのにはコストがかかります。コストばかりがかかって成果はあまりあがりません。あるいは、相手が上司だったり、すぐにキレる部下だったりしたら、変わるように働きかけること自体が無理な相談かもしれません。

それに比べれば、自分が変わるほうがずっと簡単です。少なくとも、相手に働きかかけるコストは要りません。「自分を変えよう」と決心さえすればよいのです。

しかも「自分を変えよう」と決心すれば、その瞬間から、つらくて、うっとうしくて面倒くさくて、できるだけ避けたいと思っていた職場の人間関係に対して、主体的に、能動的に関わることになります。それまで、受動的に「振り回されている」とか「やらされている」などと感じていた人間関係に対して、自分のほうから主体的に関わっているという感覚がもてれば、それだけでも、人間関係が心と体に及ぼす悪影響を軽くすることができます。ですから、まずは「自分を変えよう」と決心してみてください。

「自分を変えよう」と決心して、それを実行すれば、少しずつ自分を変えることができます。こちらが変われば、人間関係の向こう側にいる相手も、変化していきます。「自分が変わっても、相手が変わるとは限らない。人は簡単には変わらない」という反論があるかもしれませんが、人間関係は、二人の人間の間で起こるできごとです。一方が変われば、必然的に他方も変わらざるをえません。

ただし、相手の変化を呼び起こすためには、「自分を変えよう」という決心が、目に見える形で相手に伝わらなければなりません。そして、目に見える形で相手に伝えていくには、そのための一定のスキル（技術）が要求されます。

本書は、そのスキルについて述べた本です。本書は、職場の人間関係を少しでも良くするために、自分を変えようとする人たちに、人間関係のスキルについて知ってもらうための本です。

私は、都内の虎ノ門にある、社会人大学院の客員教授の兼任を一〇年以上続けています。この大学院の院生達は、昼間は会社で働き、夜に学びにやって来るビジネスパーソンです。ビジネスの現場で働いている院生達を相手に、私は実践で役立つ講義を心がけてきました。

もう一人の著者、田中健吾は、大学の経営学部で教えるだけでなく、臨床心理士としてビジネスパーソンのストレスと関わる仕事もしています。

このようなビジネスパーソンとの関わりの経験を活かして、私たちは、ビジネスパーソンの現実にできるだけ寄り添いながら、対人心理学や臨床心理学での諸知見を背景において、本書を書きました。

ビジネスパーソンの方々が本書を読んで、職場の人間関係を楽しく良好なものにするソーシャルスキルを使って、自分を変え始めてくださることを切に願っております。

原稿を辛抱強く待ち続けてくださったサイエンス社の清水匡太氏に深謝しつつ

著者を代表して　相川　充

目　次

1章　ソーシャルスキルについて知る

1-1 ソーシャルスキルという言葉の意味

職場には、上司がいて、同僚がいて、部下がいます。そこには、さまざまな人間関係が展開されています。私たちは、職場の人間関係を適切にこなして初めて、本来の仕事を遂行することができます。換言すれば、本来の仕事は、職場の良好な人間関係の支えがなければ十分に遂行できません。

職場の人間関係を適切にこなすには、相手が何かしてくれるのを待っているだけではだめです。こちらから相手に働きかけて、相手の力を引き出しながら、相手と力を合わせて進めていく必要があります。そのためには、たとえば、人にものを頼むことは一つの有力な方法です。相手に何かを頼めば、相手を巻き込むことができ、相手の力を借りることもでき、結果として、こちらの目標を達成しやすくなるからです。

ただし、その頼み方が重要です。ものを頼むには、それなりの口の利き方や態度があります。頼み方が適切でないと、こちらの頼みを聞き入れてもらえないばかりか、相手から否定的に評価されたり、場合によっては妨害されたりする恐れも出てきます。人にものを頼むときは、いきなり頼むのではなく、まずは「すみませんが」と、ひとこと言って、相手に迷惑をかけることを謝罪してからお願いしたほうが、こちらの頼みを聞き入れてもらいやすくなります。

このように、ものの言い方や振る舞い方には、一定のルールがあります。職場の人たちとの関係を円滑に展開するには、それらのルールを知り、そのルールに従って実行することが求められます。

心理学では、人間関係に関する一定のルールを知って、それを適切かつ効果的に実行することを総称して「ソーシャルスキル」と呼んでいます。

「ソーシャルスキル」の「ソーシャル」は、対人的なことがらや人間関係のこと、あるいは、ほかの人との相互作用に関連したことがらを指します。同僚とおしゃべりしたり議論したり、上司と一緒に仕事をこなしたりすることが「ソーシャル」です。「ソーシャルダンス」と言えば、男女が向かい合って踊っている様子が思い浮かぶでしょう。「ソーシャルスキル」の「ソーシャル」もこれと同じで、二人が向かい合っている状態が基本的なイメージです。

他方、「ソーシャルスキル」の「スキル」とは、私たちが何かを身につけようとして、時間をかけて練習した結果、うまくできるようになった技術のことです。パソコンの裏ワザが使える、英文のビジネスメールが書ける、プレゼンテーション・ソフトを効果的に使えるなど、これらのことは、初めからできたわけではなく、そのやり方を知って、繰返し練習した結果、できるようになったスキルです。

ビジネスの現場では、「ビジネススキル」という言葉が通用していますから、「スキル」という言葉に抵抗はないでしょう。ただし、「ビジネススキル」と言うときの「スキル」は、どちらかと言うと「能力」のことを指しているようです。インターネットのサイトでは、ビジネススキルの例として、「自己管理能力」「業務遂行能力」「概念化能力」などをあげて、「能力」という言葉を使っています。

ソーシャルスキルに関する研究者の中にも、スキルは「能力」であると考える人もいますが、本書では、具体的で目に見える行為、たとえば、ものの言い方や振る舞い方などを強調する立場から、ソーシャルスキルとは、人間関係に関する「技術」のことを指すという立場に立ちます。「技術」としてとらえたほうが、「ソーシャルスキル」という概念を使う意味が生きるからです。これについては、次の節で説明します。

ソーシャルスキルの具体的な内容は、多種多様です。人間関係に関わる特定の状況での定型的なものの言い方（たとえば先に述べた、ものの頼み方など）や、人間関係に関する一定の考え方（たとえば、あいさつ言葉などのルールやマナーなど）、そして、それを実行するときの感情のコントロールの仕方もソーシャルスキルです。

たとえば、仕事で初対面の人に会うとします。名刺をどのように差し出して、相手の名刺をどのように受けとり、そのときに何と言って、どのように振る舞うかということには、一定のマナーがあります。これらについて知っていることはソーシャルスキルの一部です。また、このようなマナーをその通りに実行することもソーシャルスキルですし、あえてマナー通りには実行しないという選択もソーシャルスキルです。

定型的なものの言い方やマナーだけでなく、各人が自らの経験を通じて心得た、ほかの人とつき合っていくうえでの個人的な話法やコツもソーシャルスキルです。

あるビジネスパーソンは、上司の意見に反対する意見を言うときは、上司の意見に対して、いったん「なるほど」と言ったあとで、「それで、〇〇ことは大丈夫でしょうか?」と、あたかも心配事や疑問のように自分の反対意見を言うという話法を実行しています。このような〝高度な〟話法から、ちょっとしたコツや要領までもソーシャルスキルの一種なのです。

1-2 なぜソーシャルスキルという考え方をするのか

人間関係に関する多種多様なルールを知って、それを実行することを、なぜ、わざわざ「ソーシャルスキル」と呼ぶのでしょうか?

それは「人間関係に関わることはスキルで解決する」ということを強調したいからです。人間関係は、当人の性格で決まるわけではなく、ましてや遺伝で決まるわけでもなく、「スキルで決まる」ということを強調したいのです。

たとえば、「私は引っ込み思案だから人づきあいが苦手です。何しろ、両親は二人とも引っ込み思案ですから」と言っている人がいるとします。この人は、人づきあいが苦手なのは、引っ込み思案という「性格」のせいであり、その性格は「遺伝」で決まっていると考えています。仮に、この考えが正しいとすると、この人は、遺伝で決まってしまった性格のせいで、この先もずっと人づきあいが苦手な人間として過ごさなければならないことになります。

従来の心理学は、人間の考え方や行動を、性格（パーソナリティ）で説明してきました。しかし、性格で説明をすると、性格用語のレッテルを貼っただけで終わってしまうきらいがあります。つまり、人づきあいが苦手な人に、「引っ込み思案」あるいは「内向性」というレッテルを貼るだけで終わってしまい、人づきあいが苦手な人の、「では、私はどうしたらいいのでしょうか？」という問に、十分に答えることができないままでした。

これに対してソーシャルスキルという観点に立つと、人づきあいが苦手だったり下手だったりする原因は、人づきあいのスキルが不足しているからだと考えることができます。原因はスキル不足なのですから、スキルを身につければ問題は解決します。人づきあいが苦手な人でも、具体的な人とのつき合い方を知って、繰返し練習すればスキルが身について、そのスキルを実行すれば、人づきあいの苦手な人ではなくなると考えることができます。

この考え方は、人間関係に必要なスキルは、たとえば自転車に乗ることと本質的に同じだと考えていることになります。最初から自転車に乗れる人はいませんが、ハンドルの握り方やペダルのこぎ方など、乗り方について知って、何回も練習すれば、誰でも、おぼつかないながらも乗れるようになります。さらに乗り続けていれば、乗っていることを意識しないでも、ハンドルを握ってペダルをこぐことができるようになります。

ただし、人間関係には相手が存在することを考慮に入れると、ソーシャルスキルは、自転車に乗ることよりも、テニスや卓球のような対面型の球技に似ていると言えるでしょう。これらの球技では、こちらの球が相手の動きに影響を与えて、相手の球に応じてこちらの動きが決まります。上手に球を打ち返すにはそれ相応の技術が要ります。人間関係もこれと同じように、こちらのものの言い方や振る舞い方で相手が変わり、相手のものの言い方や振る舞い方でこちらの次の言動が決まります。この両者のやりとりを支えているのが人づきあいに関わる技術、つまりソーシャルスキルです。

このようにソーシャルスキルの観点に立てば、人づきあいが苦手な人の「では、私はどうしたらいいのでしょうか？」という問に対して、「人づきあいのスキルを練習すればよいのです」と、明快に答えることができるのです。

なお、ソーシャルスキルは、多種多様なビジネススキルの一部です。ビジネススキルには、ソーシャルスキルだけでなく、表計算ソフトを効果的に使うなどの事務処理スキル、技術職や研究職に求められる専門的スキルなども含みますが、本書で扱うスキルは、人間関係に限定したスキルです。

しかも本書で扱うのは、職場の人間関係に限定したスキルです。営業マンが顧客に自社製品を売り込む際にも、さまざまなソーシャルスキルが使われますが、本書ではそのようなスキルは、直接は取り上げません。ただし、職場で役立つソーシャルスキルは、顧客を相手にしたときも、また、職場以外の人間関係、たとえば家族関係にも役立ちます。

1-3 ソーシャルスキルという考え方の特徴

ここでは、ソーシャルスキルという考え方の特徴についてまとめておきます。これからあげる特徴はすべて、先に述べた「人間関係に関わることはスキルで解決する」というソーシャルスキルの基本的考えから派生したものです。

1　ソーシャルスキルは練習で身につく

ソーシャルスキルは、練習で身につきます。このことは、すでに自転車や球技のたとえで述べたことですが、再度、強調しておきます。

どのソーシャルスキルも初めから上手にできる人はいませんが、誰でも、一定のステップを踏んで繰返し練習すれば、身につけることができます。そのステップは、図1に示す通りです。順を追って説明しましょう。

第一ステップは、「スキルについて知る」です。人間関係に関わるさまざまなルール、あるいはハウツーやコツなど、具体的なやり方を知ることです。

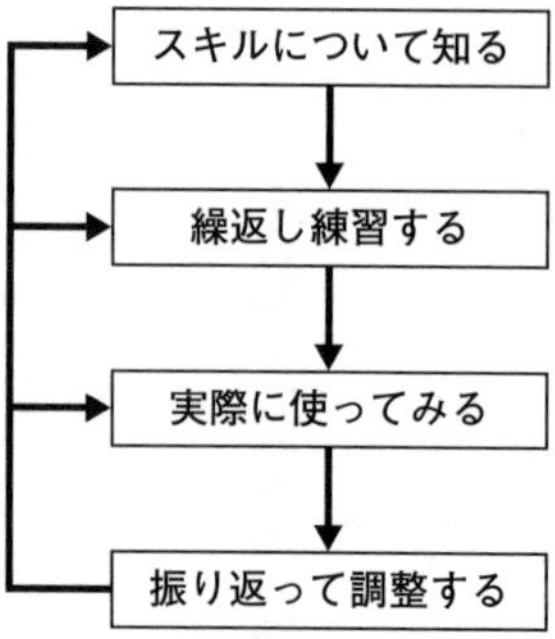

図1　ソーシャルスキルの身につけ方

どんなスキルも、そもそも知らなければ実行できません。もし、ある特定の職場だけに通用している人間関係の特別なルールがあれば、それについても知る必要があります。

これまで「知らないからやらなかった」、あるいは「知らないからできなかった」ということがあったかもしれません。そのようなことを減らすために、知ることが出発点になります。

知るためには、まず本を読んだりインターネットで調べたりしましょう。お手本にする人を自分なりに決めて、その人をよく観察してみるのも有効な方法です。お手本にする人は、自分の職場の人に限りません。よその職場の人、あるいはテレビや映画の登場人物や書籍の中の先人たちでもよいのです。もっともよいのは、同じ職場の先輩に教えを請うことです。なぜなら、先輩との関係が好転するという副産物も手に入るからです。

第二ステップは、知ったことを「繰返し練習する」です。知っていることと、できることは別です。知ったことをできるようにするには、繰返しやってみるしかありません。

この段階は、予行演習ですから、うまくできなくても失敗しても気にせず、繰返し、実際にやってみましょう。一人で鏡やビデオカメラを使って練習してみたり、失敗しても問題が起こらない人を相手に試してみたりするのもよいでしょう。繰り返してやっているうちに、少しずつできるようになります。

ただし、繰返しやっても、上達しているように思えないこともあります。それは、誰にでも起こる現象で、「プラトー」（高原・台地の意）という専門用語まで用意されています。上達しないように思えても、やめないことが肝心です。繰返し練習し続けるうちに上達します。

第三ステップは、「実際に使ってみる」です。繰返し練習してきたことを職場で、実践（「実戦」と言ってもいいかもしれません）してみましょう。

実践してみると、練習ではうまくできたことでも、相手を目の前にしたらうまく言えなかったり、想定外の相手の反応に戸惑ってしまったりするというようなことが起こりえます。そのようなときでも「失敗した」とすぐに判断しないでください。「うまくできた」と思える場合も、「うまくできなかった」と思える場合も、まずは相手の様子をよく観察してください。以前の相手の様子とスキルを使ってみたあとを比べて、相手に何か変化はないでしょうか。少しでも変化があれば、たとえ、こちらの言い方がしどろもどろで「うまくできなかった」と思える場合でも、新たなスキルを使った効果はあったことになります。

また、スキルを実践するときには、自分の感情のコントロールも重要になってきます。それまで使ったことのないスキルを使うので「気恥ずかしい」とか、「失敗したら恥ずかしい」という恥ずかしさや、「うまくできなかったらどうしよう」という不安や気後れなどの感情が、スキルの実践を邪魔することがあります。このような感情のコントロールの具体的な方法は、あとの章で何回か取り上げますので、そこを参照してください（3章「思いを伝えるアサーション・スキル」のスキル①「思いを伝えようと自分に言い聞かせる」、5章「チーム力を高める話し合いスキル」のスキル④

「発言を妨げる感情をコントロールする」、6章「心の距離を縮めるオープンマインド・スキル」のスキル④「怒りは口に出さない」)。

それでも練習の成果を実践でまったく発揮できなかったり、相手に何も変化が起こらず、場合によっては以前よりもマズイ変化が起こったりするような場合は、失敗したと認めざるを得ないかもしれません。しかし、これらの場合も、その一回の実践がうまくいかなかっただけであり、スキルを使うこと自体が否定されたわけではありません。そこで、次のステップに進みます。

第四ステップは、「振り返って調整する」です。実践でのできごと全体が貴重な情報です。うまくいかなかった場合はもちろんのこと、うまくいった場合でも、もっと上手に実行するために、実践の結果を振り返ります。そして、どこを修正したり調整したりすればよいか考えます。

その結果によっては、第一ステップの「スキルについて知る」に戻って、さらに知る作業をしたほうがよいこともありますし、第二ステップの「繰返し練習する」に戻って、スキルの実行について改めて繰返し練習する必要があることもあります。いずれの場合も、最後は、第三ステップの「実際に使ってみる」段階に戻ります。何より、実践を通して身につけることが大切です。

以上の四つのステップを何回も繰り返せば、ソーシャルスキルは確実に身についていきます。

2 ソーシャルスキルは効果性と適切性で評価する

ソーシャルスキルは、特定の人間関係において手に入れたいと思っている目標（「対人目標」と言います）を、手に入れるためのスキルです。スキル（＝技術）ですから、それ自体が「良い」とか「道徳的である」というような価値を、本来は含まず、「良いソーシャルスキル」とか、「道徳的なソーシャルスキル」などということが決まっているわけではありません。たとえば、人に会ったときにあいさつをすることは道徳的に良い行いですが、あいさつをするために使うスキル自体（目を合わせる、頭を下げるなどの一連の動作や、「おはようございます」という言葉など）は、道徳的に良いも悪いもありません。

また、ソーシャルスキルは「使うことが良いことだ」とか「使うべきだ」という前提もありません。それどころか、あるスキルを使わないという選択も、ソーシャルスキルに含まれます。あるスキルを使うか使わないかという判断自体がソーシャルスキルの一部なのです。

これらのことを名刺交換スキルで説明しましょう。初対面の人に会うときにマナー通りのやり方で名刺交換をしたとすれば、それは名刺交換スキルを実行したことになりますが、名刺交換スキル自体が「良い」ものでも「ビジネスパーソンの良識だ」と決まっているわけでもありません。「自分を信用させる」という目標を手に入れるために、営業マンが名刺交換スキルを使うことがあるでしょうし、同じ目標を達成するために詐欺師が使うことがあるかもしれません。ソーシャルスキルは、目標を手に入れるための手段であり、善用も悪用もできるということです。

また、名刺交換スキルをあえて使わず、代わりに「失礼しました、名刺を切らしてしまいまして」と断ったうえで、「私は事業開発部の佐藤健太と申します。〝健太〟は、健康の〝健〟に〝太い〟です。私の体型通りです」などと笑顔で自己紹介をするのは、初対面時の有効な印象形成スキルの一例です。さらに、この佐藤健太さんが、面談したその日の夕方に、相手のメールアドレスに「名刺をお渡しできませんでしたので、面談し本日の面談のお礼を兼ねて、このメールで改めて私の所属と名前をお伝えいたします」という内容のメールを送信すれば、定型的な名刺交換スキルを上回るスキルを実行したことになります。

要するに、ソーシャルスキルは、対人目標を達成するためのスキルですから、それ自体が良いものと決まっているわけではなく、また、使うことが良いことだと、はじめから決まっているわけではありません。

ただし、ソーシャルスキルについて評価することはできます。この評価は、以下に述べるように、対人目標との対比から二つの観点で行います。

一つは、効果性です。ある対人場面での目標を手に入れるために、あるスキルが実行され、実際にその目標を手に入れることができた場合は、そのソーシャルスキルは効果を発揮したことになります。つまり、対人目標を達成できれば、そのソーシャルスキルは「効果がある」と評価できます。

もう一つは、適切性です。効果性だけの評価ですと、対人目標さえ達成できればどんなスキルも許されることになります。たとえば、暴力的な言動で相手を脅して意のままに動かせば、目標の達成には効果があるかもしれません。しかし、暴力的な言動は、社会的な基準やルールからは許されるものではありません。ソーシャルスキルは、社会的な基準やルールと照らし合わせて、適切性の観点からも評価されなければならないのです。とくに近年は、職場でのハラスメントをなくすことが強く求められています。個々のビジネスパーソンは、社会的に適切なスキルを使わなければなりません。

以上のようにソーシャルスキルは、対人目標を達成できる効果性と、社会的な基準からみた適切性、この二つを備えている必要があります。

3　ソーシャルスキルは目に見えない認知も含む

ソーシャルスキルは、最終的に、ものの言い方や振る舞い方などの行動で表現されます。しかし、それだけがソーシャルスキルではありません。

ものの言い方や振る舞い方などが、適切に、効果的に実行できるためには、人間関係に関するルールについての知識や、ものの考え方やとらえ方、先を見越す推論なども関わってきます。このような心の働きを学術的には「認知」と呼び、このような認知もソーシャルスキルの一部に含めます。

たとえば、ある日の午後、鈴木さんが営業から帰ってオフィスの自分の机に着くとすぐに、課長が「鈴木さん、ちょっと」と言って手招きをしたとします。鈴木さんは、

「はい」と明るい声で答えて席を立ち、課長の机の前に行きました。鈴木さんは、この何げない行動をする前に、①課長の言葉の意味と、手招きの意味を読み解き、②「課長の机の前に行こう」という目標を決めて、③この目標を達成するためには具体的にどう行動すればよいかを判断して、④「なぜ課長は私を呼んだのだろう」という、わき起こる軽い不安をコントロールしたはずです。これら四つには順に「相手の反応の解読」「対人目標の決定」「対人反応の決定」「感情の統制」という名前が付いていますが、これらはいずれも認知であり、頭の中で行われるので目には見えません。目には見えませんが、これらもソーシャルスキルの一部に含めます。なぜなら、相手の反応の意味を読み解くためには一定のスキルが必要ですし、目標を決め、適切で効果的な反応を決めるにもスキルが要りますし、すでに述べたように感情をコントロールするにもスキルが必要だからです。このような目には見えないけれども、適切で効果的な反応を支えている心の働きを「認知スキル」と呼びます。これに対して、目に見える反応のほうは「行動スキル」と呼びます。

以下の章では、行動スキルだけでなく、認知スキルについても取り上げます。

なお、ソーシャルスキルについて学術的に詳しく知りたい方は、相川（二〇〇九）

をご参照ください。

1-4 ソーシャルスキルの程度を知っておく

次の章から、上司と部下、それぞれにとって必要な具体的なソーシャルスキルを紹介していきます。そのようなソーシャルスキルの中には、「すでに実行している」というスキルも含まれているでしょうし、初めて聞くスキルもあるかもしれません。

いずれにしても、まずは今現在のあなたのソーシャルスキルの程度を測っておきましょう。そのうえで、図1に示したように、次の章から紹介する「スキルについて知る」「繰返し練習する」「実際に使ってみる」「振り返って調整する」を実行して、身につけてください。そして、半年以上過ぎたら、もう一度、あなたのソーシャルスキルの程度を測ってみましょう。すると、ソーシャルスキルが身についたかどうか、上達ぶりを知ることができます。

図2は、ビジネスパーソンが、自分のソーシャルスキルの程度を知るための簡単な

次の①～⑱の設問について普段のあなたにあてはまると思うものを，選択肢から選んで○を付けてください。

	まったくあてはまらない	あまりあてはまらない	どちらでもない	ややあてはまる	よくあてはまる
①他人と話していて，あまり会話が途切れない					
②他人にやってもらいたいことを，うまく指示することができる					
③他人を助けることを上手にやれる					
④相手が怒っているときに，うまくなだめることができる					
⑤知らない人とでも，すぐ会話が始められる					
⑥まわりの人たちとの間でトラブルが起きても，それを上手に処理できる					
⑦こわさや恐ろしさを感じたときに，それをうまく処理できる					
⑧気まずいことがあった相手と，上手に和解できる					
⑨仕事をするときに，何をどうやったらよいか決められる					
⑩他人が話しているところに，気軽に参加できる					
⑪相手から非難されたときにも，それをうまく片づけることができる					
⑫仕事の上で，どこに問題があるかすぐに見つけることができる					
⑬自分の感情や気持ちを，素直に表現できる					
⑭あちこちから矛盾した話が伝わってきても，うまく処理できる					
⑮初対面の人に，自己紹介が上手にできる					
⑯何か失敗したときに，すぐに謝ることができる					
⑰まわりの人たちが自分とは違った考えをもっていても，うまくやっていける					
⑱仕事の目標を立てるのに，あまり困難を感じないほうである					

図2　ビジネスパーソン用ソーシャルスキル・テスト（田中，2007）

テストです。これは、早稲田大学の産業ストレス研究グループが、既存のソーシャルスキル・テスト（KiSS-18、菊池 二〇〇七）を、約七〇〇〇人のビジネスパーソンを対象に実施した結果に基づいて、ビジネスパーソン向けに作ったテストです。

まずは、①〜⑱までの質問項目に答えてください。

答え終わったら、「まったくあてはまらない」を一点、「あまりあてはまらない」を二点、「どちらでもない」を三点、「ややあてはまる」を四点、「よくあてはまる」を五点として、得点を算出してみてください。

質問項目の③と⑥を除いた一六項目の合計得点は、全体的なソーシャルスキルの程度、つまり「全般的にどの程度、人づきあいが上手にできるか」を示します。この一六項目の合計得点による判断基準は、次の通りです。

男性六一点以上、女性五九点以上は、高いソーシャルスキルを備えていると言えます。

男性六〇〜四三点、女性五八〜四〇点は、普通程度のソーシャルスキルを備えていると言えます。

男性四二点以下、女性三九点以下は、ソーシャルスキルが低いレベルです。職場の人間関係に、問題が生じるかもしれません。

さらにこのテストは、スキルの領域別に結果を出すこともできます。このテストで測定できるソーシャルスキルの領域は、「トラブルシューティング・スキル」「マネジメント・スキル」「コミュニケーション・スキル」の三つの領域です。

「トラブルシューティング・スキル」とは、怒っている人をなだめたり、同僚同士のもめごとを仲裁したりするといった、職場で起こる人間関係にまつわるトラブルを解消するために発揮されるソーシャルスキルです。トラブルシューティング・スキルの程度は、項目番号④⑥⑦⑧⑪⑰の得点を合計すれば測定できます。判断基準は次の通りです。

男性二三点以上、女性二二点以上は、高いトラブルシューティング・スキルを備えていると言えます。上司、同僚、部下との感情のぶつかり合いなどに対応することができます。

男性二二～一五点、女性二一～一四点は、標準的なレベルのトラブルシューティング・スキルがあると言えます。上司、同僚、部下との感情のぶつかり合いなどには、それなりに対応できます。

男性一四点以下、女性一三点以下は、トラブルシューティング・スキルが著しく乏しいようです。上司、同僚、部下と感情的なトラブルが生じた場合に解決するスキルが不足しているかもしれません。

二つ目の「マネジメント・スキル」は、部下に仕事の指示を出したり、複数の人からの仕事上の要請をうまくさばいたりするスキルのことです。項目番号②⑨⑫⑭⑱を合計すれば測定できます。判断基準は次の通りです。

男性二〇点以上、女性一九点以上は、高いマネジメント・スキルを備えていると言えます。仕事のうえで必要な指示や、仕事の割り振りを決めたりするようなことが上手にできます。

男性一九～一四点、女性一八～一三点は、標準的なレベルのマネジメント・スキルがあると言えます。上司、同僚、部下との業務上の情報のやり取りは普通に行えるレベルです。

男性一三点以下、女性一二点以下は、マネジメント・スキルが著しく乏しいようです。複数の指示に対応したり、業務上発生するやり取りに耐えたりするのが苦手かもしれません。

三つ目の「コミュニケーション・スキル」とは、挨拶をしたり、うまく自己紹介したりといった、日常的で基礎的なコミュニケーションをとるために発揮されるソーシャルスキルのことです。項目番号①⑤⑩⑬⑮を合計すれば測定できます。判断基準は次の通りです。

男女ともに二〇点以上は、高いコミュニケーション・スキルを備えていると言えます。職場で挨拶をしたり、仕事以前にベースとなるコミュニケーションを円滑に進めたりすることができています。

男女ともに一九〜一二点は、標準的なレベルのソーシャルスキルがあると言えます。職場での上司や同僚や部下とのコミュニケーションの程度は、普通です。

男女ともに一一点以下は、コミュニケーション・スキルが著しく不足しているようです。業務以前に、ちょっとした人づきあいにも、困難をきたしているのではないでしょうか。

さて、あなたのソーシャルスキルの程度は、どうだったでしょうか。

このテストの得点が高かった人は、次の章から紹介するソーシャルスキルをすでに実行している人かもしれません。ただし、すでにソーシャルスキルを実行していても、それが無自覚のままに実行されているかもしれません。無自覚のまま、たまたま実行されているソーシャルスキルは、状況が少し変わっただけで、無自覚のまま実行されなくなります。意志的にスキルを実行し、自らのスキルが肯定的な効果を生み出していることを自覚することが大切です。この自覚があって初めて、ソーシャルスキルの応用力が増します。ですから、テストで高い得点を取った人も、次の章から紹介するソーシャルスキルを確認してみてください。

テストで得点が低かった人は、ぜひ、次の章から紹介するソーシャルスキルについて、図1に示した「スキルについて知る」「繰返し練習する」「実際に使ってみる」「振り返って調整する」を実行して、身につけてください。ソーシャルスキルは、練習次第で必ず身につきます。

ビジネスパーソンに必要な基本スキル

2章　相手の思いを受け容れるスキル

2-1 人の話を聴くことが意味すること

上司であろうと部下であろうと、ビジネスパーソンが身につけるべきソーシャルスキルの中で、もっとも基本的で、もっとも重要なスキルが「傾聴スキル」です。傾聴スキルの具体的な話の前に、ビジネスにおいて人の話を聴くとは何を意味するのか確認しておきましょう。それは次の四点にまとめることができます。

第一に、人の話を聴くことは、相手についての情報を得る基本的な作業です。職場の人間関係でも、顧客との関係においても、相手の話を聴かなければ、仕事が始まりません。逆に、話を聴けば、相手が何を考え、何を感じ、何をしようとしているのかが分かります。さらに、話をしてくれた相手のことだけでなく、相手の職場全体の情報を得ることもできます。

第二に、話を聴くことは、実は〝与える〟行為です。話を聴くことは、相手が発した情報を受けとめる作業なので、表面上は〝得る〟行為ですが、ソーシャルスキルの観点からすると、〝与える〟行為でもあります。

では、何を与えるのでしょうか？

それは、喜び、安心、満足などの心理的な報酬です。相手の話を聴けば、「私はあなたの話に興味がある」というメッセージを送ることになります。このメッセージは、相手に、喜び、安心、満足などの感情をもたらし、プライドを満たす働きをします。

話を聴くことが心理的な報酬を与える行為であることは、逆の「話を聴かない」状態を思い浮かべれば理解できます。相手が話しかけてきているのに無視すれば、相手に不安や不満を与え、悲しみや悔しさを感じさせ、プライドを傷つけることができます。相手の話を聴くか聴かないかは、相手に賞か罰を与えることと同じです。話を聴けば賞を与えることになり、聴かなければ罰を与えることになります。

第三に、話を聴くことは、相手に対するこちらの思いに変化をもたらすことです。相手の話を聴けば、相手に関する情報が増えて、相手は「よく知らない人」から「よく知る人」へと変化します。それにつれて、その人に対する好意度が増します。相手に関する情報が増えるにつれて、その人に対する好意度が増すことは、心理学の実験で証明されている現象です。

第四に、話を聴くことは、相手との関係を安定させることです。相手の話を聴いて、相手に対する好意度が増していれば、相手がこちらの意に添わない反応を少々したとしても、すぐには否定的に評価しないでしょう。相手にそのことが分かれば、相手は安心してこちらに素直な気持ちをさらに話すようになり、こちらに対する相手の好意度も増します。こうして、こちらにも相手にも好循環が起こるので、相手の話を聴けば聴くほど、相手との関係は安定していきます。

2-2 思いを受け容れる傾聴スキル

人の話を聴くことは、簡単なことのように感じられます。私たちの耳に穴が開いていて、何もしなくても相手の話し声が聞こえてくるからです。しかし、「声を聞く」のと「聴く」のとでは大きな違いがあります。きちんと聴いて、相手に心理的報酬を与えるには、一定のスキルが要求されます。

傾聴スキルとは、「私は、あなたの話を聴いている」というメッセージを〝与える〟ための技術です。傾聴スキルの目標は、「あなたの話に関心があり、あなたの思いを受け容れた」ということを、相手に伝えることです。相手の思いを「受けとめる」のではなく「受けいれる」です。しかも「受け入れる」よりも「受け容れる」をめざします。そのために具体的には、次のようなスキルを実行しましょう。

なお、以下の記述では、スキル①やスキル②などのように、個々のスキルに番号を付けましたが、これらの番号に過敏になる必要はありません。この番号の順番を遵守する必要もありませんし、スキルが一つや二つ欠けてもかまいません。一つでも多くのスキルを実行することに意味があります。このことは、3章以降の章でも同じです。

スキル❶話すきっかけを与える

相手は、きっかけがつかめなくて話し始められないことがあります。そのような様子が見てとれたときは、相手に話し始めるきっかけを与えてあげます。

とくに上司は、部下に、話し始めるきっかけを与えてあげたほうがよいことがあります。話を始めるきっかけは、社会的地位が上の者が下の者に与えるという暗黙のルールがあるからです。

きっかけを与えるための有効な話法が「開いた質問」です。「開いた質問」とは、「どうしたの」「何を」「なぜ」などの言葉で始まる質問文です。具体的には、「きのうの営業、どうだった?」とか「ちょっと元気なさそうじゃない、何かあったの?」などの質問です。

このような質問に対して、答える側は、自分の話したい話題や事柄を自由に選べます。つまり、「開いた質問」とは、答える側にとって〝開いている〟質問の形です。「開いた質問」は、聴き手が、多くの情報や予想外の情報を得たいときに有効ですし、質問が、尋問や詰問になってしまうのを防いでくれます。

「開いた質問」の反対が「閉じた質問」です。これは、答える側が「はい」か「いいえ」で答えなければならない質問文です。

たとえば上司が「きのう、山田物産に行ったのか?」と質問すれば、部下は、まずは「はい」か「いいえ」で答えなければなりません。答える側にとって話題を選ぶ自由度が低いので、〝閉じている〟と呼ばれます。

閉じた質問は、聴き手が手短に情報を得たいときや、情報を確認したいときに有効です。ただし、閉じた質問は、用意した選択肢の中から答を選ばせることになるので、話し始めるきっかけにこれを使うと、話し手は、会話をリードされ、コントロールされ、場合によっては尋問され、詰問されていると感じることがあります。

話すきっかけを与えるには、「開いた質問」を相手に投げかけて、「あなたの話を聴きたいので、好きなように話してください」という暗黙のメッセージを送ります。「開いた質問」以外に、話すきっかけを与える方法として、「物や空間」「動き」で聴く意志を示すことができます。

たとえば、聴き手が、話し手に椅子を勧めて座るように促したり、話し手を別室に誘ったりすれば、口に出さなくても「あなたの話に興味があり、じっくり聴きたい」というメッセージを送ることができます。もっと単純には、相手の顔をじっと見ながら近づいていくだけでも、「私はあなたの話を聴きます」というメッセージになります。

スキル❷「とにかく聴こう」と自分に言い聞かせる

話を聴き始める前に、あらかじめ否定的な内容を予想したり（たとえば「この人は私をバカにしたいのだろう」と思いながら話を聴き始める）、競争的に構えたりする（たとえば「この人には負けないぞ、あとで反撃してやる」と思いながら聴き始める）と、相手の話を素直に聴けません。話を聴いても、内容を歪曲したり、自分に都合のいいように解釈したりします。聴きたいと思う話だけが聞こえ、聴きたくない話は聞こえないということも起こります。

このような無用な構えを作らないために、話を聴き始めたらすぐに、「とにかく聴こう」と自分に言い聞かせましょう。

自分で自分に言い聞かせることを専門用語では「自己会話」と言います（「自己陳述」とも言います）。実際に声に出して言うのではなく、頭の中で自分に言い聞かせるのです。自分に何と言うかは、自分なりにあらかじめ決めておきます。「聴こう、聴こう、聴こう」と、呪文のようなものでもかまいません。ポイントは、自己会話のセリフをあらかじめ決めておくこと、そして、人の話を聴き始めたらすぐにそのセリフを頭の中で繰り返すことです。

相手が話を始めたら、相手の話は最後まで聴きましょう。相手の話を最後まで聴くのはマナーのはずですが、実際には実行できないことが多いのです。相手の話を最後まで聴くには、次の事項を守る必要があります。

(1)話を途中で遮らない

くどくどした愚痴や自慢話などは、最後まで聴くことが難しいものです。「それは聞きたくないな」「ああ、その話ならもう知ってる」「僕には関係ない話だ」などと言って、話を途中でやめさせたくなりますが、このようなことを話の途中で言って、相手の気力を削いだり、聴くのをやめたり、話をやめさせたりしないことです。とにかく最後まで話を聴きましょう。

とくに上司は、部下の話の途中で、助言や指図、あるいは批評や非難などがしたくなるでしょうが、それらは話を聴いたあとにします。話を最後まで聴いたあとのほうが、適切な助言や指図ができますし、的確な批評や非難ができます。

(2)話題を変えない

話を聴いているうちに、相手の話に触発されて「そういえば、こんなことがあって～」と、自分のことを話したくなることがあります。自分の興味や関心のある話題、得意な話題を話し始めたくなりますが、話題を変えてはいけません。相手が提示した話題は、相手にとって重要な話題です。聴き手として興味がなくても、一区切りつくまでは話題を変えないことです。

(3)道徳的・倫理的判断をしない

話を聴いているうちに、道徳的または倫理的な判断を口にしたくなることがあります。「そんなことが許されるはずはない」「この人は、とんでもないことをしてしまった」などという思いが頭に浮かび、口にしたくなります。

道徳的なこと、倫理的なことは、多くの場合、話し手自身も心得ています。心得ているからこそ、「道徳的、倫理的に問題がある」と思い、話をしたいのです。話し手は道徳的、倫理的な判断を聞きたいのではなく、まずは自分の思いを聴いてほしいのです。それなのに、話の途中で道徳的、倫理的な判断を口にしてしまうと、話し手は話すのをやめてしまいます。その結果、話し手の真意は分からないままになってしまいます。

最後まで聴いたあとであれば、道徳的、倫理的判断を伝えてもかまいません。とくに上司は、部下の話を聴いたあとならば、企業モラルやコンプライアンスなどの観点からも、道徳的、倫理的判断をしっかり伝えるべきです。

(4)話し手の感情を否定しない

話し手が「うれしかった」とか「悔しかった」と感情表現しているのに、それを否定してしまっていることはないでしょうか。

否定するつもりはないのに、それどころか、話し手を元気づけるつもりなのに、結果的に話し手の感情を否定してしまうことがあります。

たとえば同僚が、「今月の営業成績がちょっと悪くて……心配だな……」と言うのを聴いて、「心配ないよ。気にしすぎ。大丈夫だよ」と答えたとします。このような元気づけは、一見、肯定的な反応にみえますが、話の途中でこのようなことを言うことは、話し手の感情や不安を受け容れず、否定していることになります。また、話し手が話をやめてしまえば、なぜ、どのように心配なのか分からないままになります。

しかし、十分に話を聴いたあとなら、同じ「大丈夫だよ」という言葉でも、相手の心に届くでしょう。

(5)時間の圧力をかけない

話を聴きながら時計を見たり、話し手から離れたりすることは、「手短に話せ」「話を聴いている時間がない」という暗黙のメッセージを発していることになります。もし上司が、部下の話の途中で「手短に話して」と言えば、これは直接的な時間の圧力になります。

話し手は、時間の圧力をかけられると、話しにくくなり、話を端折ったり、途中でやめたりします。

話を聴いている時間がない場合は、はっきり、そう言うべきです。ただし単に「時間がない」と言うと、相手は「私の話を聴きたくないのだ」と誤解する恐れがあります。そこで、「きちんと話を聴きたいからこそ、今は時間がない、あとで時間があるときにしっかり聴く」旨を伝えます。そして、その〝あとで〟が、いつなのか、たとえば「あすの昼休みに」などと具体的に言うことが大切です。「ごめん、今は急ぎの仕事があるんだ。話をしっかり聴きたいから、あしたの昼休みに話して」などという言い方がよいでしょう。

右にあげた五つを実行するのは容易なことではありません。とくに聴き手と話し手との間に、上司―部下などの上下関係があり、聴き手が〝上〟に位置する場合には、「失礼にならない」という思いがあるために話を最後まで聴くのが難しくなります。

また、男性は、女性よりも人の話を最後まで聴けないと言われています。

右にあげた五つを実行するためには、たとえば「最後まで聴こう」や「今は聴き手」などというセリフを用意しておいて、自己会話を実践しましょう。

スキル❸反射させながら聴く

相手の話をさえぎらず、話題を取らず、道徳的、倫理的判断をせずに話を聴くことを強調しましたが、これらのことを実行するために「黙って話を聴け」と言いたいのではありません。むしろ黙っていてはダメなのです。話を聴きながら、「私はあなたの話を聴いている」というメッセージを、直接こうは言わずに、相手に伝え続けなくてはなりません。

そのためには、まず、相づちの言葉を口にします。話を聴きながら、「うん、うん」「へえー」「なるほど」「本当？」などと言うのです。このような相づちは、スキルということを意識しなくてもすでに実践していることと思いますが、これからは意識して使ってみてください。これらの相づちは、話し手にとっては大きな励みになります。いかに大きな励みであるかを確かめたければ、電話での会話のとき、相づちの言葉を減らしてみてください。間違いなく相手の発話量が減ります。

相づちの言葉に加えて、相手の話を「反射」させます。「反射」とは、光が鏡の表面に当たってそのまま返るように、話し手が言葉や身振り手振りで伝えてくる思いの核心を、聴き手がそのまま返すテクニックです。こう言うと難しく聞こえますが、単純な反射は、多くの人が相づちの延長ですでに実践しています。

【反射の例①】

「きのう課長にほめられちゃった」

「へぇー、ほめられたの」（語句を繰り返す反射）

「そう、頑張ってるねって、ほめられたのよ」

このように、単純な反射は相手が言った言葉の一部をそのまま繰り返すものです。いわばオウム返しのやり方ですが、こればかりですと単調な反応になってしまいますし、不自然になることもあります。そこで、相手の言った言葉を別の語句に言い換えるやり方も採用しましょう。

【反射の例②】

「最近、課長に無視されてるんだけど、なんで無視されなきゃならないのか分かんないんだよなあ。まいったよ」
「相手にしてもらえないの？」（語句を言い換える反射）
「そうなんだ、今朝も顔合わせたのに挨拶もしてくれないし」
　もう少し高度な反射は、相手の言ったことを要約するやり方です。

【反射の例③】

部下「営業成績が落ちているのは分かっていますが、何だか最近やる気が出なくて……」
上司「やる気が出ないのか」（語句を繰り返す反射）
部下「ええ、きのうも営業に出なければと思ったんですが、そもそも出かける気になれなくて」
上司「気力がわかないんだね」（語句を言い換える反射））
部下「はい。急ぎでもない書類の整理をだらだらしてました」
上司「そうか、要するに、気力がわかなくて困ってるんだね」（要約する反射）
部下「はい、どうしたらいいでしょうか」
　右の例では三種類の反射が使われています。最後の「要約する反射」では、「要するに～ですね」という形で、部下の話をまとめて返しています。

反射する際のポイントは、話し手の感情をとらえることです。具体的には、話し手の感情を表現している単語や、感情に関連する語句、感情を伝える表情や身振りに注目して、それを反射させます。

たとえば、先の「反射の例②」では、話し手が「まいったよ」と感情を表現する単語を使っていますので、これを繰り返して「それは、まいるね」と言ったほうが、「相手にしてもらえないの？」と反射させるよりも、相手の思いを受け容れる効果があります。また、話し手が「わくわくした」「どきどきした」「ハラハラした」などの擬態語や、「ゴミ箱を蹴飛ばした」「ドアをバタンと締めた」「机を叩いた」などと感情を伝える動作に関する言葉を用いたときも、それらの言葉に注目して、「すごく腹が立ったんだね」などと反射させます。さらに、にこにこ笑っている相手に、「嬉しそうな顔をしてるね」と言ってあげるのも、感情の反射になります。

このように、とくに感情を反射させることが、なぜポイントになるのでしょうか？

私たちが誰かに向かって話をする目的は、大きくまとめれば二つしかありません。「情報の伝達」と「感情の共有」です。

「情報の伝達」は、話し手が知っている情報を聴き手に伝えることが目的ですから、客観性や論理性が重要になります。他方、「感情の共有」は、話し手が自分の感情体験を聴き手と共有したいという欲求に基づいて行われます。話し手の強い思いが込められていますから、同じ話の繰返しだったり、非論理的な愚痴や悪口だったりします。論理的な思考で話を聴いてしまうと、ついいい加減な聴き方になってしまいます。

「この人は感情の共有がしたいのだな」と思うとき、その感情に注目した反射をしてあげれば、「あなたの思いを理解しようとしている」という暗黙のメッセージを強く伝えることができます。話し手に、「自分の気持ちを分かってもらえた」と思わせることができるのです。その結果、相手のくどくどした話が収まるかもしれません。

このように上手な反射は、「あなたの話を真剣に聴いている」というメッセージを伝え、話し手に「自分の思いを聴いてもらっている」「理解されている」と感じさせることができます。また、反射の言葉は、話し手への反論や批判の言葉ではありませんから、話の流れを妨げません。話し手は、自分の話に合いの手を入れてもらっているように感じて、気持ちよく話を先へ先へと進められます。

また、反射には、話し手に、話の内容を話し手自身に確認させる効果があります。

反射は、話し手にしてみると、聴き手から自分の話したことを聴かされることになるので、客観的に自分の状態をみる機会になるからです。場合によっては、話し手自らが、話しながら、問題解決のきっかけをつかむことができます。

さらに、反射をすれば、聴き手として理解したことを確認することもできます。反射は、話の内容を話し手に返すのですから、「私はこのように理解しましたが、これで間違いありませんか」と相手に尋ねているのと同じ働きをします。理解した内容のチェックを話し手から受けているようなものです。そのため、早とちりや誤解が防げます。たとえば次の例では、一回目の反射で誤解に気づき、二回目の反射で確認しています。

【反射の例④】

「半年後に転勤することになっちゃったよ。イヤだな……」

「転勤するのはイヤだよね」（語句を繰り返す反射）

「転勤自体はそれほどイヤじゃないんだけど、彼女と離れることになるから……」

「ああそうか、彼女と遠距離恋愛になっちゃうね」（語句を言い換える反射）

「そうなんだよ。転勤は覚悟してたんだけどね。この時期、彼女と遠くなっちゃうのはつらいなあ。彼女とすぐに会えなくなるから」
「たしかに、簡単に会えないのはつらいね」（語句を言い換える反射）

スキル❹体を使って聴く

話は、耳だけでなく、体全体を使って聴きます。基本は、今していることや仕事の手をとめることです。そして「私はあなたの話を聴いている」というメッセージを、体の各部分を使って相手に伝えましょう。体のどの部分も「聴いている」というメッセージを発するために使われなければなりません。聴いていることを伝えるための体の使い方について、表1にまとめました。

体を使って聴けば、話し手を励ますことになり、結果として、話し手から好意的に評価されます。とくに、うなずき、前傾姿勢、注視が効果的です。

ただし、表1の「適切な使用」は一般論です。状況によってはここにあげた使い方ではないほうが、「聴いている」と伝えられることがあるかもしれません。

大切なことは、これらの各部分が伝えるメッセージが、互いに一致することです。不一致の場合、たとえば、話し手のほうを適度に見て笑顔でうなずいているにも関わ

表1　聴くための体の使い方（相川，2009を一部修正）

	適切な使用	不適切な使用
動き	話し手に近づく	話し手から遠ざかる
距離	腕を拡げたくらいの距離	遠すぎる 近すぎる
高さ	話し手の顔と同じ高さ	話し手の顔よりも高い
体の向き	話し手のほうを向いている	話し手のほうを向いていない
姿勢	リラックスした姿勢 軽い前傾	緊張した固い姿勢 弛緩しきった姿勢 後傾
視線	話し手の眼やその周りを適度に見る	話し手を見ない 話し手を見つめ続ける
表情	話の内容にマッチした表情 一般的には微笑み	無表情 過度に笑う
うなずき	話に合わせて適度にうなずく	過度にうなずく うなずかない
タッチング	話の内容によってタッチング	過度のタッチング 全く触れない
手の動き	ほとんど動かさない	腕を組む 髪の毛をもてあそぶ 小物をいじる
足，脚の動き	ほとんど動かさない	貧乏ゆすり

らず、手にしたボールペンを小刻みに振っていると、「私は話を聴いている」というメッセージと「私は話にうんざりしている」というメッセージを同時に発することになります。メッセージが矛盾すると、話し手は否定的な解釈をします。この場合であれば、「この人は私の話にうんざりしている」「この人は不誠実な人だ」などの解釈です。

また、体が発するメッセージと言葉が、同じ内容を伝えていることも重要です。たとえば、表情や声が固いまま、「なるほど」とか「それはよかったね」などという言葉を反射させたのでは、体が伝える内容と言葉の内容が打ち消し合って、結局は「私はあなたの話をまともに聴いていない」というメッセージを送ることになります。

なお、6章の「心の距離を縮めるオープンマインド・スキル」のスキル⑧「自分の言動をモニターする」も参照してください。

スキル❺話し手の身振り手振りを観る

話を聴きながら、話し手の様子をよく観ましょう。話し手は、自分の思いを言葉だけでなく、表情をはじめ、身振り手振りでも伝えてきます。場合によっては、身振り手振りのほうが言葉よりも雄弁です。話し手が身振り手振りで伝えてくる思いも〝聴き〟取りましょう。

表情には、話し手が抱いている感情が如実に表れます。表情は少なくとも、驚き、恐怖、嫌悪、怒り、幸福、悲しみの六つを表現すると言われています（エクマンとフリーセン 一九八七）。このうち、幸福や驚きはすぐに分かりますが、恐怖や嫌悪は、分かりにくいものです。とくに日本人はアメリカ人に比べて、「嫌悪」の表出が弱いと言われています（中村 一九九一）ので、表情ばかりを観ていても、話し手の思いや感情を推測できなかったり誤解したりする恐れがあります。

そこで、表情以外の部分、たとえば指先や、脚の動きなどにも目を向けます。話し手の声にも注意を払いましょう。声の大きさや強さ、声の高さが手がかりになります。同じ内容でも、低い声で話しているか、高い声で話しているかによって、話し手の意図や感情は異なります。

話の速さも重要な手がかりです。話すスピードが普段よりも速いか遅いか、あるいは速くなったり遅くなったり変化していないか聴き分けましょう。たとえば怒りは、話の速さと声の大きさに出やすいことが実験でも明らかです。

また、言い間違ったり言いよどんだり、つっかえたり、あるいは沈黙や間も、何かを〝語って〟います。

話し手のどこに注目する場合でも推測するポイントは、話し手の感情です。表情の変化や視線の動き、声の様子、手や脚の動きなどから、話し手の感情の状態や変化を推測しながら聴きましょう。とくに変化に注目します。話している途中で急に話すスピードが落ちたり、笑顔が急に消えたり、手で小物をいじり始めたりというような変化は、感情の動きを反映しています。

また、口で言っていることと話し手の様子に違いがないかにも注目しましょう。口で「大丈夫です」と言いながら、表情が曇り、声が沈んでいたり、逆に、「もうダメだ」と言いながら、晴れ晴れとした表情をしていたりすることがあります。

スキル❻話題に関連した質問をする

「私はあなたの話をもっと聴きたい」という気持ちを伝えるために、話題に関連した質問をします。話題に関連した質問は、話を能動的に理解しようとしていることを伝えます。また実際に、能動的に理解するのに役立ちます。そこで聴き手として、もっと情報がほしいときに質問を発します。

ただし質問を発する目的は、あくまで話し手の話を促すことです。質問が、話の流れを変えたり、中断させたりすることがないように注意します。したがって話題に関連した質問は、必ずしも常に実行する必要はありません。

実行するときには、相手の話が途切れたときに発すること、スキル③の「反射」のあとに付け加えるように質問を発すること、この二点を守るようにします。

ここでも、「閉じた質問」よりも「開いた質問」を心がけます。「なぜ、そう思ったの?」「なんで、そんなことしたの?」「どんなふうにしたの?」のような言い方です。ただし、この段階では単純な「開いた質問」というよりも〝焦点を絞った質問〟になります。焦点をぐっと絞った結果、質問が「閉じた質問」になっても、この段階ならかまいません。

【話題に関連した質問の例】

「きょうも山田物産に行ったんだ。でも、あそこの高橋さんは、こっちの話をまともに聞こうとしないんだよ。まいったよ……」

「それは、まいるね。高橋部長が話を聞こうとしないっていうのは、無視するってこと?」
「いや、無視というんじゃなくて……、顔を上げないんだ。こっちの顔を見ないんだよ」
「そうか、顔を見ないのか。何でだろう?」

スキル❼共感の言葉を発する

相手の話の目的が、「情報の伝達」よりも「感情の共有」であるときには、相手の話を受け容れる言葉を発します。たとえば「確かにそうだね」とか「気持ちはよく分かるよ」などです。それに加えて、相手に共感を示しましょう。

共感を示すときの言葉の基本型は「私も＋相手の感情語」です。たとえば「私もうれしい」「僕も腹が立ってきたな」などです。

ここでの感情語は、話し手が話の中で表明した言葉をそのまま使うと効果的です。つまり、反射させるときに用いた感情語を使うのが基本です。ただし、相手が表現した感情語とまったく同じである必要はありません。同じような感情を伝える言葉であれば、共感を示すことができます。

スキル❽自己開示の返報性で聴き出す

私たちはほかの人と話をするときに、お互い相手の話題の親密度に合わせて、自分の話題の親密度を決めています。「話題の親密度」とは、話の内容がプライバシーや自分の内面に関わる程度のことです。天気の話や仕事の話なら、話題の親密度が浅い話題ですし、自分の家族のことや個人的な悩みなどは、親密度が深い話題です。

一方の人がプライバシーや自分の内面に関わる親密度の深い話をすると、それを聴いたほうも、お返しに親密度の深い話をするという現象が起こります。この現象を「自己開示の返報性」と言います。相手の内面に関わる話を聴き出したいときに、この現象を利用することができます。

まず、聴き出したい話題について、自分の体験やプライベートな出来事の話をします。あくまで相手の話を聴き出すのが目的ですから、話しすぎないように注意します。ある程度話をしたら、相手の反応を待ちます。

反応を待っても、自己開示の返報性が起こるとは限りません。相手は、こちらの話に耳を傾けただけで、自分のことについては話さないこともあります。そのようなときは、無理に聴き出すようなことはせず、このスキルの使用はその時点でやめます。

相手が自己開示を返してこなくても、こちらが個人的な話をしたこと自体は、相手に否定的に評価されることはほとんどありません。

このスキルは、これまでのスキル①からスキル⑦までと違って、常に使う必要はありません。次のような条件が満たされているときに試してみてください。

①相手の内面に関わるような話を聴き出したいとき。

②相手との間に、ある程度の信頼関係がすでにできているとき。そうでないと、こちらが親密度の深い話をしても、相手はお返ししてくれません。それどころか、こちらのプライベートな話に呆れたり軽蔑したりするかもしれませんし、最悪の場合は、こちらへの攻撃材料に使われるリスクもあります。

③相手の話を聴く時間が十分にあるとき。短い時間しかとれないときや立ち話のときは避けましょう。相手と一対一でゆっくり話が聴けるときや、その相手と今後も何回も話をすることが分かっているときに使いましょう。

このスキルは、上司が、部下から親密度の深い話を聴き出したいときに、とくに有効なスキルです。会話場面において、社会的な地位関係が下の者は、上の者に対して、どの程度、プライベートな話や内面に関わる話をしてよいのか、話題の親密度のレベルを判断しかねます。そのようなときに、上の者が、つまり上司が、親密度の深い話をすれば、それが一つの基準になって、部下もその基準に合わせた親密度の話をします。また、上司が、親密度の深い話をするので、部下は、同僚や年下の者からの話以上に、「お返しをしなければならない」という思いが働いて、自分も親密度の深い話をしてしまうのです。

3章　自分の思いを伝えるスキル

3-1 思いを伝えない三つの言い方

人の話を聴くことは、ビジネスパーソンの基本であると前の章で述べましたが、人の話を聴いてばかりで自分の思いを伝えなければ、仕事になりませんし、職場で良好な人間関係を築くこともできません。ビジネスパーソンは、聴くべきことは聴き、言うべきことは言わなければなりません。

では、次のような三つの状況で、どのような対応をとるか考えてみてください。その対応を書き留めておいてください。書き留めておいたものは、このあと使います。

【状況A】

あなたは上司の小川さんから「今夜、ちょっと飲もうじゃないか」と誘われました。あなたは、この誘いを断りたいと思っています。

【状況B】

あなたが貸していた本を先輩が返してくれました。その場で本をめくってみたところ、コーヒーをこぼしたような跡があります。その本はあなたにとって、とても大切な本です。

【状況C】

あなたは会社で会議用の資料のコピーを大量にとっています。会議はもうすぐ始まりそうです。隣の席の同僚は、暇そうですが手伝おうとしません。

さて、私たちがほかの人に向かって話をする目的は、2章でも説明したように、大きくまとめると「情報の伝達」と「感情の共有」です。

「情報の伝達」は、職場では、いわゆる「ほう（報告）れん（連絡）そう（相談）」に相当します。「情報の伝達」では、客観性や論理性が重要になり、自分の個人的な思いを伝えるときも、ビジネスに関する判断や状況分析などが中心になります。このときは、冷静さが求められますので、当人も比較的冷静に伝えることができます。

他方「感情の共有」は、自分の中に生じている感情を誰かに話したいという欲求に基づいて行われます。感情を伝えたいという欲求が出発点ですから、思いを伝える当人は、すでに〝感情的〟です。それでも、喜び、満足、感動などの肯定的な感情であれば、それをそのまま素直に相手に伝えてもほとんど問題は起こりません。ただし場合によっては、嫉妬されたりすることはあるかもしれませんが。

これに対して不平、不満、怒りなどの否定的な感情を伝えたいときには、さまざまな問題が生じます。ほかの人に引き起こされた否定的な感情を、第三者である目の前の人に話すときは、ある程度冷静に伝えることができても、否定的な感情を引き起こした当の相手に、こちらの思いを冷静に伝えることは非常に難しくなります。そのため、私たちは多くの場合、次の三つのいずれかの反応パターンをとってしまいます。

一つは、何も言わない、思いを伝えないという非主張的な反応パターンです。たとえば、職場に口うるさい伊藤という先輩がいて、こちらの仕事のやり方について、いちいち文句を言ってくるとします。電話での口の利き方やクライアントへのあいさつの仕方にまで口を出してきます。「うるさいな」とか「お節介な奴だ」などと腹立たしく思っていても、何も言わず黙っている反応パターンです。できるだけその先輩の存在を無視したり、何事もなかったかのように振る舞ったりします。

非主張的な反応パターンでは、自分の思いが相手に伝わらないのは言うまでもありません。伝えていないのですから。結局、相手のイヤな行為はいつまでも続き、それにじっと耐えるしかありません。「相手はＯＫ、でも私はＯＫではない」という状態です。

二つ目のパターンは、間接的に攻撃する反応です。たとえば、先の例で言えば、文句を言われたときに、口答えはしないものの露骨に不機嫌な顔をしたり舌打ちをしたり、別の機会に、「伊藤さんならマナー検定一級にイッパツで合格ですね」など皮肉っぽく言ったりする反応です。陰で悪口を言う、悪い噂を流すなどというのもこの分類に含まれます。

間接的攻撃のパターンは、自分の思いを伝えているようですが、その伝え方は間接的です。伝わることもありますが伝わらないこともありますし、誤って伝わるかもしれません。また、周囲の人には、こちらの思いが伝わって同情されるかもしれませんが、間接的に攻撃するやり方は、周囲の人からの信用を失うかもしれません。

三つ目は、怒りをあらわにして攻撃する反応パターンです。たとえば「うるさいです！」と伊藤さんに怒鳴り返したり、伊藤さんの目の前で机を乱暴に叩いたりする反応です。

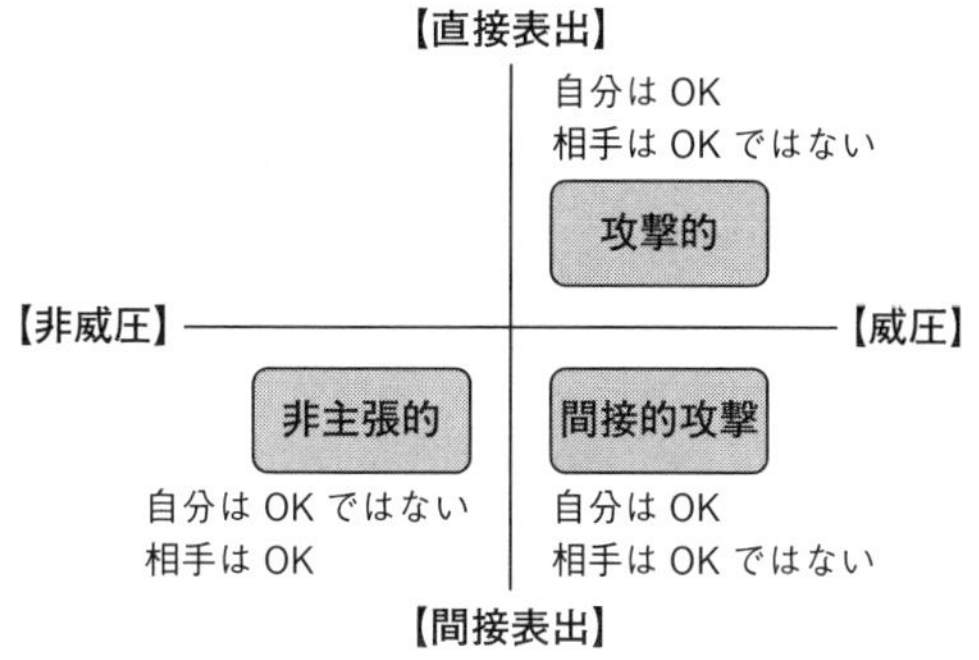

図３　いつの間にか身についている３つの反応パターン
（相川，2009 より作成）

攻撃反応は、自分の思いをストレートに伝えていています。ただし、伝えているのは怒りの感情だけです。「私は怒っている」という思いは伝わりますが、なぜ怒っているのか、何を考えているのかは伝わりません。それでいて相手との関係は悪化します。「私はＯＫ、でも相手はＯＫではない」という状態だからです。相手は屈辱感や傷つけられた思いを抱き、怒りを覚えます。怒りの表出は相手の怒りを誘発します。

これら三つの反応は、否定的な感情に限らず、私たちが自分の思いを伝えるときに実行する反応パターンですが、いずれも自分の思いを上手に伝えているとは言えません。このような反応パターンを、私たちは成長する過程のどこかで見聞きして、それを自分でも実行しているのです。つまり心理学用語で言えば〝学習〟したのですが、これら三つの反応を学習したという感覚はなく、いつの間にか身についてしまっているという感覚ではないでしょうか。

これら三つの反応を、相手に直接言うか言わないかという「直接性」と、相手を威圧するかしないかという「威圧性」という二次元で分類すると、図3のようになります。

この章の最初で、三つの状況A、B、Cにおける対応について、どのような対応をとるか書き留めてあれば、それを読み直してみてください。その対応は、「非主張的」「間接的攻撃」「攻撃的」のいずれかではなかったでしょうか、確認してみてください。

次に、もう一度図3を見てください。図3で、一つ空いている象限があります。「直接表出」―「非威圧」という象限です。この象限に入るのは、相手に向かって直接自分の思いを伝えるのに、相手を威圧しないという第四の反応パターンです。この第四の反応パターンを「アサーション」と呼びます。

3-2 思いを伝えるアサーション・スキル

アサーションは、自分の思いを正直に伝えるけれども相手に押しつけず、相手の思いにも配慮します。反論するときは攻撃的、破壊的な表現は避けて、できるだけ建設的な意見を言い、代替案を提示します。対人目標は、自分の思いも相手の思いも尊重すること、つまり「私もOK、あなたもOK」という状態をめざすことです。

このように、アサーションは、先ほどの三つの反応パターンに比べると、ある種の〝不自然さ〟があります。そのため、いつの間にか身についていることは少ない反応パターンです。これまでとは違った種類の反応の仕方ですから、意志的に練習して身につける〝学習〟が必要になります。

ビジネスパーソンは、聴くべきことは聴き、言うべきことは言わなければならないと述べましたが、その言い方が重要です。言うべき内容はもちろん重要ですが、場合によってはそれ以上に、言い方が大切です。アサーションは、そのためのスキルです。

スキル❶思いを伝えようと自分に言い聞かせる

上司から理不尽な指示が出たり、同僚から心ないことを言われたり、あるいは職場の後輩からバカにしたような態度を取られたり。このようなときに何も言わない、何も言えないという非主張的反応が多い人なら、まずは、「自分の思いを伝えよう」と自分に言い聞かせる自己会話から始めましょう。自己会話のセリフは、前の章でも説明したように、いざというときにすぐに使えるように、自分なりにあらかじめ決めておきましょう。

黙っていたのでは決して思いは伝わりません。「自分の思いを伝えよう」と自分に言って自らを励ましてください。はじめから完璧を狙う必要はありません。完璧にできる人はいません。「ねばならない」とか「すべき」という思いにとらわれる必要もありません。「何か言わなければならない」のではなく、「何か言えたらいいな」とか「少しでも分かってもらえたらいいな」などと気軽に構えましょう。

とはいえ、相手からの否定的な反応に対して、不満や不平や非難を言い返すのは、勇気が要ります。いきなり実行するのはムリだと思う人は、肯定的な感情を職場の周りの人に伝えることを日ごろ実行しておくと良いでしょう。肯定的な感情に導かれて思いを伝えるときは、緊張や不安を感じずに思いを伝えることができます。日ごろからこれを繰り返しておけば、職場の人たちに思いを伝えることに慣れます。また周りの人たちも、こちらが何を考え、何を感じているのか理解できます。このような理解があれば、こちらが不平や不満や非難を口にしたときでも、相手にはそれに耳を傾ける余裕があります。こちらの思いが伝わりやすくなります。

人から何か否定的なことをされたり言われたりすると、すぐに腹を立てて怒りを表に出してしまう攻撃反応が多い人も、まずは「自分の思いを伝えよう」と自分に言い聞かせてください。

上司であれば、部下に怒鳴ったり部下を叱ったりすることがあるかもしれませんが、怒りにまかせていては、思いは伝わりません。怒鳴ったり叱ったりすれば部下が言う通りに従うこともありますが、それは上司の思いを受けとめたからではなく、上司の怒鳴り声や怒りの言動を避けたいからです。部下が納得したうえで上司に従っていなければ、同じ問題が再び起こります。

非主張的な反応パターンを取りやすい人は、たとえ「自分の思いを伝えよう」と自分に言い聞かせても、相手にとって耳の痛い不平や不満や非難などを口にするときには、「逆ギレされたらどうしよう」とか「嫌われたら困るな」などと緊張や不安を感じるでしょう。その結果、「わざわざ言わなくていいのではないか」などという消極的な考えが浮かび、結局、黙っている反応を選んでしまうかもしれません。

このような考えが浮かんだら、ここでも自己会話を実行します。「うまく話せなくても大した問題じゃない」「完璧である必要はない」「素直な気持ちを伝えよう」などというセリフを用意しておいて、自分に言って聞かせましょう。このような自己会話には、浮かび上がってくる否定的な考えや不安や緊張、または興奮を静める鎮静効果があります。

また、「ゆっくり話せ」「相手の目を見ろ」などというセリフで、どのように振舞ったらいいか具体的な指示を自分に出す自己会話も有効です。このような自己会話には、コーチ効果があります。ちょうどスポーツ選手のコーチのように、目の前の問題にどう対処したらいいか、自分で自分に指示を出して、自分の行動をコントロールできる効果です。

攻撃反応のパターンをとりやすい人は、「落ち着け、落ち着け」などというセリフで鎮静効果を狙った自己会話を繰り返して、興奮を抑えましょう。「深呼吸しろ」と、自分に指示を出してコーチ効果を狙った自己会話をしてもよいでしょう。

なお、アメリカ人を対象にした自己会話に関する研究結果では、「私はできる」と自分に言うよりも、「あなたはできる」と、他者から言われるような言い方で、自分に言ったほうが、モチベーションが高まることが実験的に証明されています（ドルコスとアルバラシン 二〇一四）。日本語の場合、主語を明示しなくても自己会話が可能ですが、「あなたはできる」型を意識して、あえて「あなた」という主語をつけて、たとえば「あなたなら自分の思いを伝えられる」というようなセリフを用意しておくとよいかもしれません。

スキル❷私メッセージを使ってみる

私たちがほかの人に思いを伝えるときの話法は、「あなたメッセージ」と「私メッセージ」に区別することができます（ゴードン 一九七七）。

「あなたメッセージ」とは、相手に向かって何か言うときに、主語が「あなた」になっていて、相手に焦点を合わせた断定的な話法のことです。

職場であれば、上司が部下に命令や説教をするとき、あるいは同僚同士でも、相手を批判したり皮肉を言ったりするときに使われる話法です。ほかの人を攻撃するときに典型的に使われます。

先にあげた口うるさい伊藤先輩の例で言えば、伊藤さんが「（あなたは）すぐにこの書類を修正しなさい」（命令）、「（あなたは）どうしてまたクライアントを怒らせるようなことをしたの」（説教）、「（あなたの）こんなやり方じゃダメでしょう」（批判）などと言っているとしたらこれらは「あなたメッセージ」です。また、伊藤さんに対して言う「伊藤さんならマナー検定一級にイッパツで合格ですね」という皮肉も、「うるさいです！」と怒りを単純にあらわにした言葉も、「あなたメッセージ」であることを確認してください。

これらの「あなたメッセージ」は、十分にこちらの思いを伝えないばかりか、誤って伝えてしまいます。「あなたメッセージ」は、主語が「あなた」であるために「問題の原因はあなたにある」と言っているメッセージになるからです。「あなたメッセージ」の受け手は「責められている」「非難されている」「自分の責任を棚上げにしている」などと感じて、話し手の思いを理解できず、話し手を否定的に評価したり、反発したりするだけで終わってしまいます。

たとえば、山本係長が、社外に出ている部下の渡辺君と駅で待ち合わせて、クライアントのところに営業に行くことになったとします。渡辺君はこのような待合せで、これまでに何回か遅刻をしたことがありました。山本係長は、渡辺君がまた遅刻をするのではないかと心配でした。そこで前日、渡辺君に「いつも遅刻するが、明日は遅刻するんじゃないぞ」と少しきつく言いました。

山本係長のこの言葉は「あなたメッセージ」ですから、渡辺君は自分が責められているとだけ感じて「この係長は、うるさいこと言うな。それに、僕はいつも遅刻しているわけじゃない。この前の遅刻だって、前のお客さんの話が長引いたからで自分ではどうしようもなかったんだ」などと、心の中で反発したり正当化する言い訳を考えたりします。

このように「あなたメッセージ」は、こちらの思いを伝えないだけでなくマイナスの効果を生んでしまうのです。

他方「私メッセージ」とは、言葉の主語が「私」になっていて、話し手自身の考えや感情を表明する話法です。自分の内側にわき上がっている思いを素直に伝えようとする話法です。

先の山本係長の例で「私メッセージ」について説明しましょう。山本係長の内側に最初に起こった思いは、「渡辺君はまた遅刻をするのではないか」という心配です。その結果、「遅刻しないようにはっきり言っておこう」という思いが次に起こり、この思いのままに「(あなたは)遅刻するんじゃないぞ」という「あなたメッセージ」を発したわけです。

これに対して「私メッセージ」では、意味的な主語を私にして、最初の思いをできるだけ素直に言葉にするように努めます。この例では「(私は)渡辺君がまた遅刻をするんじゃないかと心配だ」という言い方です。

この言い方の意味的な主語は「私」、つまり山本係長のことですから、渡辺君は「係長が心配をしている」と解釈します。自分が責められていると感じない分、山本係長の心配の原因は、自分が引き起こしていることに思いが至ります。その結果「ご心配かけてすみません。明日は時刻通りに行きます」と言う気になります。こうなれば、山本係長の思いが渡辺君に伝わったことになります。

「私メッセージ」の作り方のポイントは、①自分の思いを確認する、②その思いを、意味的な主語が「私」で始まる言葉にする、③できるだけ感情語を入れる、です。自分の感情を口にすることに抵抗のある人もいるでしょうが、感情語を入れると、こちらが発している言葉は、相手を責めるためのものではなく、自分自身の思いを伝えているのだというメッセージがはっきりします。できるだけ入れるよう努めてください。

重要なことは、「あなたメッセージ」で伝えようとしたことが、多くの場合「私メッセージ」でも伝えられるということです。先の例では、「(あなたは) すぐにこの書類を修正しなさい」(命令)→「(私は) すぐにこの書類を修正したほうがいいと思う。修正されれば私も安心です」、「(あなたは) どうしてまたクライアントを怒らせるようなことをしたの」(説教)→「(私は)、あなたがどうしてまたクライアントを怒らせるようなことをしたのか不思議なの」、「(あなたの) こんなやり方じゃダメでしょう」(批判)→「(私は) あなたのやり方じゃダメなんじゃないかと心配なんだ」などと言い換えることができます。

「私メッセージ」は、自分の思いを素直に伝えますが、「あなたメッセージ」のように批判がましく聞こえません。それは、「私」と「あなた」とは別の人間であり、「私」が「あなた」について感じたり考えたりしたことは、あくまで「私」の感じ方であり、それを伝えたいのであって、必ずしも「あなた」の状態を非難することが目的ではないという意図が伝わりやすいからです。

「私メッセージ」は、すぐには使えません。使おうと決意をし、これまでの自分の言い方が「あなたメッセージ」の多い言葉遣いであったことに気づいてください。そのうえで、何回も練習してください。「私メッセージ」を実際に発する体験を重ねて、その効果を味わってください。「私メッセージ」を使い始めてみると、自分の思いが、それまでよりも相手にうまく伝わっていることが実感できるはずです。相手の反応がそれまでとは違うはずです。こちらの感情を伝えるので、相手はこちらに親しみを覚えます。

ただし、「私メッセージ」は、主語を必ず明示する英語の発想から生まれたものですから、日本語からの発想とは多少ずれるところがあります。日本語では常に主語を明示するとは限りません。これは私たち日本人が、行為の主体が誰であるかをあいまいなままに会話を進めたがっているということです。このような文化の中で、とくに「私」を強調しすぎると、日本語では押しつけがましく聞こえる恐れがあります。ですから日本の職場においては、「私メッセージ」がいつでも最善の言い方とは限りません。場合によっては非主張的な反応、つまり黙っていることも賢明な選択です。

スキル❸肯定的に言う

私たちは自分の思いを伝えたいときに、つい否定的なものの言い方をしてしまいます。

たとえば上司が部下に「その書類を来週までに仕上げなければ、納期に間に合わないぞ」と言ったとします。このなにげないひと言に「仕上げない」「間に合わない」と二回も否定的な言葉が使われています。

私たちが否定的な言い方をするのは、否定的な言い方のほうが、相手が動くと思い込んでいるからです。否定的な言い方は、相手を脅して不安にする効果があります。そして「その不安から逃れたければ私の言う通りにしなさい」という暗黙のメッセージを伝えることができるからです。このことを極端な例で説明しましょう。たとえば上司が部下に「この仕事を仕上げなければ昇進させない」と言ったとします。これは、「昇進させない」と言って部下を脅して不安にさせておいて、「それがいやならこの仕事をしなさい」と命令していることになります。

私たちは子どもの頃から家庭や学校で、このような否定的な言い方にさらされてきました。「これを食べないと大きくなれないよ」「早く起きないと学校に遅れる」「勉強しないと進学できません」「レポートを提出しない人には単位を出しません」などです。その結果、自分でも人を動かすときには否定的なものの言い方をするようになっているのです。

営業活動の言葉も、顧客に不安を与えて物やサービスを買ってもらおうとします。「今の車では燃費が悪いですからガソリン代が大変ですよ」「シロアリが床下にいると、ほら、この写真の家のようになってしまいます」「これからの日本はどうなるか分かりません。あなたの資産は今のままでは目減りするばかりです」などです。ちなみにこれらの言葉は著者が営業マンから実際に言われた言葉です。

実を言えば、この本も、ところどころで「今のあなたのやり方や言い方では人間関係はうまくいきません」と読者を不安にさせておいて、「このやり方をしましょう」と、新たなスキルを提示する構成になっています。

否定的に言うと、確かに人は動きますが、それは相手が不安から逃れるためです。これでは「私はＯＫ、でも相手はＯＫではない」という攻撃反応が生み出す状態と同じです。「私もＯＫ、あなたもＯＫ」という状態をめざすアサーションの観点からすると、肯定的な結果を言うことをお奨めします。多くの場合、こちらが考えていることは、否定的な言い方をしなくても、肯定的に言うこともできるのです。

たとえば、伝えたい思いが「書類を納期までに仕上げてほしい」ということならば、「その書類を来週までに仕上げなければ、納期に間に合わないぞ」と否定的に言わなくても、「その書類を来週までに仕上げれば、納期に間に合うぞ」と、肯定的な結果を言えます。「この仕事を仕上げなければ昇進させない」は、「この仕事を仕上げれば昇進させる」と言えます。私たちが子どもの頃から言われた言葉も、「これを食べれば大きくなれるよ」「早く起きれば学校に間に合う」「勉強すれば進学できる」「レポートを提出した人に単位を出します」などと、肯定的な結果が言えるのです。

肯定的な結果を言うと、否定的に言ったときよりも相手を動かす力は弱いかもしれませんし、肯定的な言い方と否定的な言い方が、まったく同じ思いを伝えているとは限りません。しかし、自分の思いを伝えて相手を動かしたいときに、肯定的な結果を言えば、相手は希望をもってやる気を起こします。肯定的な結果は、「やればできる」というメッセージを含んでいますから、相手を希望の力で動かすことができるのです。

ここまでは肯定的な「結果」を言うことを奨めてきましたが、以下に述べる理由から、肯定的な「感情」を言うこともお奨めします。

私たちが自分の思いを人に伝えたいときは、どうしても不平や不満、怒りなどの否定的な感情が出発点になります。「自分の中にわき起こっている否定的な感情を誰かに聞いてほしい」と思って話し始めますから、当然のことながら話の中身も、そこで並ぶ感情語も否定的なものになります。そのような否定的な内容と否定的な感情語ばかりが並ぶ話をすると、「この人の話はいつも暗い」と評価されてしまいます。

このような評価を避けるために、日ごろは、肯定的な感情に基づいた肯定的な内容の話を職場の周りの人にしておきましょう。いつも肯定的な話をしておけば、ときどき否定的な話をしても「この人の話はいつも暗い」と評価されませんし、いつもの肯定的な話との対比効果で、否定的な内容の話が、相手に強く伝わります。

肯定的結果、肯定的な感情、いずれの場合も、ことあるごとに「肯定的に言うには、何と言えばよいのだろうか?」と自問をして、肯定的に言うことを何度も試みてください。

スキル❹依頼の基本型を使う

自分の思いを伝えるときに、依頼の形にすると伝えやすくなることがあります。たとえば、「書類を納期までに仕上げてほしい」という思いがあるときに、依頼の形にして「納期に間に合うように、その書類を来週までに仕上げてください」と言うことができます。

自分の思いを伝える目的が、ただ話を聞いてもらうことだけでなく、具体的に何かをしてほしいときには、はっきりと依頼の形で話したほうが、思いが伝わります。

依頼をするときには、単に「お願いします」などと言うだけでなく、依頼の基本型を使うと、こちらの思いがうまく伝わります。依頼の基本型は、「説明（理由）＋感情＋依頼内容＋肯定的結果」です。

「説明（理由）」は、なぜ依頼をしなければならないのか、その理由や状況の説明です。または、次の「感情」が、なぜ生じているのか、その理由です。

「感情」は、自分がどのように感じているか、今現在の感情状態を表す言葉です。人にお願いをするときに、必ずしもこちらの感情を話す必要はありませんが、こちらの感情を話すと、相手が依頼を引き受けてくれる可能性が高まります。人は、共感すると行動するからです。

「依頼内容」は、具体的に何をしてほしいのか、どうしてほしいのかという内容です。具体的であるほうが、相手は引き受けるかどうかの判断がしやすくなります。数値（「三つだけ運んで」など）、期限（「来週の月曜日までに」など）、条件（「今回だけ」など）を含めると具体性が増します。

「肯定的結果」は、依頼を聞き入れてもらうことで生じる肯定的な成果のことです。「とても助かる」と、漠然としたことでもかまいませんし、「あさっての締切りに間に合うよ」と具体的に言ってもかまいませんが、肯定的結果であることがポイントです。

これら四つの要素の順番は問題ではありません。四つの要素が入っていれば、どの要素から話し始めても依頼の言葉になります。たとえば「書類が納期までに間に合うかとても心配です。来週の月曜日までに仕上げてください。そうすれば間に合います」でも、「書類は来週の月曜日までに仕上げてください。そうすれば納期に間に合います。書類が間に合うかとても心配です」でも、こちらの思いは伝わります。

依頼の基本型は、相手が実行していないことを始めるようにお願いするときに使うのが基本です。たとえば「私だけが、この作業に当たるのは（説明）不公平だと思います（感情）。私だって忙しいのですから。みんなで分担するよう、課長からみんなに言ってください（依頼内容）。そうすれば私も自分の仕事もできるようになります

（肯定的結果）」となります。

また、依頼の基本型は、相手がすでにしていることをやめたり減らしたりするようお願いするときにも使えます。たとえば「ごめん、今、私、面倒な書類を作っているんだけど、二人のおしゃべりが気になって仕事ができないの（説明）。小さな声で話すか、できれば部屋の外で話してもらえると（依頼内容）助かるな（肯定的結果）」となります。この例のように、依頼内容が、相手の行動をやめさせるような場合は、「肯定的な結果」を言い添えることがとくに大切になります。

なお、メールで何かを依頼する文章を書くときは、この基本型を意識して、書き終えたメール文に、この四つの要素が入っているかチェックしましょう。

スキル❺断りの基本型を使う

自分の思いを伝えにくい典型的な場面があります。それは、相手から何かを頼まれたり誘われたりしたのを断る場面です。職場では、何かを頼まれることも、誘われることも日常茶飯事ですが、断りたいと思いながらも、上司部下という地位を考えたり、相手とのその後の険悪な雰囲気を考えたりすると、自分の思いを口に出さずに「イヤだ」と思いながらも、応じてしまうことがあるのではないでしょうか。

断りたいときに断りの基本型を使うと、こちらの思いをうまく伝えることができます。断りの基本型は［謝罪（感謝）＋説明（理由）＋断りの表明＋代替案］です。

断りの基本型は、相手の依頼や誘いを断ることに対して謝罪する言葉から始まります。私たちは感謝するときでさえ「すみません」と謝罪するほど、謝罪の言葉を重視していますので、依頼や依頼を断ることに非がなくても、まずは謝罪の言葉を発します。誘いを断るときは、誘ってくれたことを感謝する言葉でもかまいません。

「説明（理由）」は、なぜ断るのかについての説明または理由です。理由は、できれば、自分ではコントロールのしようがない原因や自分の外側の原因をあげます（たとえば、コピー機が突然壊れて仕事が滞っている。クライアントがどうしてもその日時でないとダメだと言っている）。説明や理由を省いたり、自分でコントロールできる原因や自分が直接関わる要因をあげたりすると（たとえば、気分が乗らない。ダブルブッキングをしてしまった）、相手は、断られた原因を、自分に対する低い評価の表れだと思うか（たとえば、私のことを軽視している、私に魅力がないから）、こちらに対する評価を低めます（能力のない人だ、時間を管理できていない人だ、気分屋だ）。

「断りの表明」は、「それは私にはできません」「きょうは一緒に行けません」などの表明です。本当に断りたいときは、曖昧さや交渉の余地を残さないように断りの言葉を明言することが大切です。

「代替案」は、依頼や誘いを断る代わりに、こちらから提示する別の案です。「断りの表明」だけでは素っ気なく不躾のような響きがあります。また相手は、断られた原因を、右と同様、自分に対する低い評価の表れだと思う恐れがあります。これを緩和するために代替案を出すのです。これによって「今回の依頼や誘いは断るが、あなたとの関係は重要視している」というメッセージを伝えることができます。代替案は、真の代替案であることが望ましいのは言うまでもありませんが、「この次には」「いつか」「そのうちに」などのように曖昧であっても許されます。

以上、四つの要素を入れると、たとえば「申し訳ございません。すぐに書類を作りたいと思っておりますが、パソコンの調子がおかしくて、仕事が溜まってしまっています。来週の月曜日には間に合いそうもありません。火曜日の夜まででしたら、何とか間に合うと思います」「誘ってくれてありがとう。だけど私、あしたの朝から営業に出なければならないんだ。だから今夜は早く寝ようと思ってるの。今夜はダメだけど次のときはつき合うよ」などとなります。

私たちの普段の会話では、すべてを言わなくても、その場の状況や雰囲気、相手との関係の深さなどから、こちらの思いは伝わります。先にあげた四つの要素のいずれか一つだけを口にしても、たとえば「月曜日までというのはちょっと……」、あるいは「ごめん」と言うだけでも断る意図は伝わります。しかし、「すべてを言わなくても分かってもらえる」という前提で言葉を節約して断ると、うまく断れないだけではなく、誤解されることがあります。四つの要素を入れれば、うまく断れて誤解を防ぐことができ、しかも相手に配慮を示すことができます。

メールで何かを断る文章を書くときは、この基本型は力を発揮します。書き終えたメール文に、この四つの要素が入っているかチェックしてから送信しましょう。

スキル❻体を使って伝える

2章の「思いを受け容れる傾聴スキル」でも述べたように、私たちの思いは言葉だけではなく、表情や身振り手振りなどでも相手に伝わっています。思いが、身振りや手振りで伝わっているのですから、これらを意図的に使って自分の思いを伝えましょう。

2章のスキル④「体を使って聴く」は、意図的に体を使って自分の思いを伝えている具体例です。「聴きたい」という思いが、体全体で相手に伝わります。「聴きたい」という思いに限らず、私たちの思いは、体を使って伝えることができます。

たとえば、「自分の思いをはっきりと主張したい」ときの体の使い方の基本は、次のようになります。

相手に近づき、軽く腕を広げたくらいの距離を取ります。立ち位置は正面か、またはお互いの緊張を和らげたければ、相手の斜め前に立ちます。自分の顔が、相手の顔の高さと同じになるようにして、身体を相手のほうに向けます。姿勢は、リラックスしつつ軽い前傾姿勢をとります。

視線は、こちらが聴き手のときは相手の顔からあまり外しませんが、話し手のときは適度に外し、話の切れ目、切れ目で相手の目を見て、話のひと区切りが終わったことを伝えます。同時に、こちらの意図が伝わっているかどうかを、相手の表情や身振りから読みとります。こちらの表情は、話の内容とマッチさせます。表情を細かく変えると、嘘を言っていると思われたり、不安がっていると思われたりします。

手や腕は、話をするときは滑らかに安定的に動かし、聴き手のときはほとんど動かしません。

声の大きさは、普段の会話の声よりもやや大き目に、ただし大きすぎないこと。小さすぎるのは論外です。話し始めたなら、最後まで言い切ります。必ずしも流暢である必要はなく、途切れ途切れでも最後まで言い切れば、こちらの主張したい思いは伝わります。

ただし、どのように体を使うと思いを効果的に伝えられるかどうかは、一義的には決まっていません。伝えたい思いの内容次第です。

たとえば、相手に近づくことが常によいのではなく、「距離を置きたい」という思いを伝えたいのであれば、物理的に相手から遠ざかれば、思いが伝わるかもしれません。表情も、一般には話の内容や感情とマッチさせて思いを伝えますが、場合によっては、能面のような感情を押し殺した表情のほうが、かえって感情を伝えるかもしれません。沈黙や間（ま）も使い方次第で、こちらの思いを効果的に伝えます。

大切なことは、まず、体の各部分が、こちらの思いを相手に伝えていることを意識することです。机の上を指先でこつこつ叩いたり、貧乏揺すりをしたり視線をそわそわ泳がせたりして、意図しないままにこちらの思いが伝わってしまうことがないようにします。そのうえで、自分の体の各部分を意図的に使うことです。とくにコントロールすることを忘れてしまいがちな手足の動き、視線、音声などを意図的に使って、自分の思いを上手に伝えましょう。

なお、6章の「心の距離を縮めるオープンマインド・スキル」のスキル⑧「自分の言動をモニターする」も参照してください。

スキル❼タイミングを計る

この章の冒頭で、ビジネスパーソンは、聴くべきことは聴き、言うべきことは言わなければならないと述べましたが、自分の思いを相手に伝える価値や意義があるかどうか、実行の前に自問してみましょう。また、こちらの思いを知った相手が、理解してくれたり、願いを叶えてくれたり、行動を変えたりしてくれる可能性があるかどうかも考えてみましょう。その結果、職場という枠の中では自分の思いを伝えずに黙っているのも、選択肢の一つです。

思いを伝える価値や意義があると判断した場合でも、それが「今ここで」ではないかもしれません。こちらの思いを相手に受け容れてもらうためには、いつ言うか、そのタイミングが大切です。たとえば、同じ依頼でもタイミングが悪いと、相手は怒りや脅威を感じたり防衛的になったりします。相手の置かれている状況や立場を考慮に入れて時機を待つことが必要です。また、場合によっては、自分の感情状態がコントロールできるまで待つことも必要です。

とくに、賛同が得られそうもないと分かっている意見や、ほかの人と違った意見を表明する場合や、上司や同僚からの不合理な要求を断る場合、年齢が下の者が上の者に指示や命令を出す場合、そして、女性が男性に向かって主張的な思いを伝える場合には、タイミングを計ることが重要になります。

このタイミングの中には、その場に、ほかの人がいるかいないか、みんなの前で言うか一対一で言うか、といったことも含みます。

この章の最初で示した三つの状況A、B、Cにおけるあなたの対応が、「非主張的」「間接的攻撃」「攻撃的」のいずれかであった場合、それをアサーションを発揮する言い方や対応の仕方にするには、どうすればよいのか考えてみてください。「思いを伝えるアサーション・スキル」のスキル①からスキル⑦までを読み返して、アサーションを発揮した対応の仕方を書き留めてみましょう。書いてみることは、アサーション・スキルの紙上訓練になります。

紙上訓練が終わったら、実践で使ってみましょう。

おもに部下が必要とするスキル

4章　ほかの人を支えるスキル

4-1 バックアップの難しさ

私たちは毎日、職場で、さまざまな人に支えられて仕事をしています。職場の同じ部屋の中にいる人だけでなく、他の部署にいる人たちも含めて、さまざまな人の直接的、間接的な支えがあるからこそ、自分のきょうの仕事をこなすことができます。このことは同時に、私たちが、意識していなくても、何らかの形でほかの人を支えていることを意味しています。要するに私たちは、ほかの人に支えられて、また、ほかの人を支えて仕事をしていることになります。

この本では、私たちが職場で身近な人を支えることをバックアップと呼びます。具体的には、ほかの人に手を貸したり物を貸したり、ほかの人に何かを教えたり便宜を図ったり、ほかの人の代わりに仕事をしたり、ほかの人を慰めたり励ましたりするこ

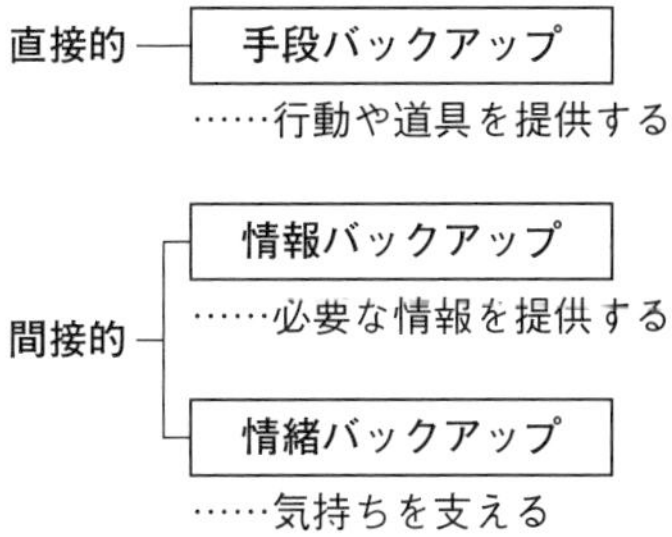

図4　バックアップの分類

とです。

このようなさまざまなバックアップをどう分類するかは、研究者の立場によって異なります。この本では、図4に示すように、まず直接的か間接的かで大きく二つに分け、間接的なほうは、さらに二つに分け、全部で三つに分類します。

「手段バックアップ」は、困っている相手に行動や道具を提供して助けることです。たとえば困っている相手と一緒に作業したり手伝ったり、相手に代わって仕事をしてあげたり、相手が持っていないものをあげたり貸したりすることです。

「情報バックアップ」は、相手が必要としている情報を提供することです。たとえば、相手にとって有益な前例やインターネットのサイトを教えたりすることです。

これに対して「情緒バックアップ」は、困っている人の気持ちを支えることです。これは、困っている人の感情や気分への配慮です。たとえば、困ったり悩んだりしている人の話を聴いてあげたり、慰めたり励ましたりすることです。「気晴らしに飲みに行こうよ」などと誘うことも含まれます。このようなバックアップは、相手の困りごとや困った状況に、直接関わるわけではありませんが、結果的に相手をバックアップすることになります。

バックアップは、職場の人間関係を維持、促進し、チームワークを高めていくうえで重要な役割を果たしています。また、お互いがバックアップし合っている職場ほど、そこで働く人たちの心と体の健康が良好であることが分かっています。バックアップが、ストレスの悪影響を和らげてくれるからです（ストレスについては、8章で詳しく述べます）。

ただし、職場で困っている人がいたら、すぐにバックアップしたほうがよいかというと、必ずしもそうではありません。バックアップを受ける側の心理を考慮に入れる必要があります。

これまでの研究によると、私たちは困っていても、すぐにほかの人に助けや援助を求めないことが分かっています。いくつかの原因が検討されてきましたが、それらの中でも重要な原因が、プライドです。

プライドとは、自分に対する自己評価です。「自分は凄い」「自分はよくやった」というような自分に対する評価ですから、仕事への動機や積極性と密接に関わります。何かを成し遂げればプライドが高まり、それが自信となって仕事に対するやる気がさらにわきます。

私たちはプライドを保ち、できれば高めたいと思っていますから、たとえ困っていても、ほかの人にすぐには助けを求めようとしないのです。助けを求めることは、自分の能力が低いことを、自分にも相手にも示すことになり、プライドが低められてしまう恐れがあるからです。

バックアップを受ける側のこのようなプライドを考えると、バックアップが常に良いとは限らなくなります。せっかくのバックアップも、相手が求めていないバックアップだったり、それをするのにふさわしくない人からのバックアップだったり、あるいは的外れのバックアップだったりすると逆効果です。相手は過度な干渉やおせっかいと受けとめて、プライドを傷つけられたと感じるかもしれません。そうなると、相手は、バックアップした人を否定的に評価したり、仕事へのやる気を失ったりします。

適切なバックアップとは、①相手が必要としているときに、②それをするのにふさわしい人が、③相手の必要とする内容を行う、というものです。

4-2 人を支えるバックアップ・スキル

職場でのバックアップ自体は良いことですが、ほかの人を助けたり慰めたりすることが否定的な結果を招かないようにしなければなりません。バックアップを受ける側のプライドに配慮しながら、職場の良好な人間関係を作り、チームワークを高めていく適切なバックアップを実施する必要があります。そのための技術が、バックアップ・スキルです。

スキル❶バックアップの必要性を尋ねる

たとえ困っていても、ほかの人からの助けや慰めは要らないと思っている人がいます。すでに述べた、プライドが邪魔するからという理由ではなく、バックアップへの欲求がない場合です。たとえば、困っていることは事実でも、「自分で何とか解決できる」という見通しをもっていれば、「ほかの人からの助けは要らない」と思い、バックアップへの欲求はわきません。

他方で、「助けてほしい」「せめて話だけでも聞いてほしい」と、バックアップへの欲求があるのに、周りから声をかけてもらえず、落ち込んだり不信感や孤独感に苛まれたりしている人がいるかもしれません。

このようなバックアップへの欲求に適切に対応するには、相手にバックアップが必要かどうか直接尋ねるのが一番です。ただしプライドの問題を回避する必要があります。そこで、尋ね方の基本型は、［様子を気遣う言葉＋相手に決めさせる表現］になります。たとえば、「大変そうだね、何か手伝えることある？」などの言い方です。

相手を気遣う言葉と、相手に決めさせる表現をセットで使うことが重要です。「大変そうだね」などと気遣う言葉だけでは、「他人事みたいなこと言うな」などと思われるかもしれませんし、こちらが「心配している」というメッセージは伝わっても、助ける意思があるのかどうかは伝わりません。また「手伝うよ」などと、いきなり言うと、バックアップするか否かの決定権がこちらにある表現になるため、相手のプライドを低める恐れがありますし、相手のバックアップへの欲求が低ければ、恩着せがましくなったり助けを押しつけたりすることになります。

相手を気遣った言葉のあとで、相手に選択を委ねる表現を使えば、相手が自分の意思でバックアップを受けるかどうか決定できますので、プライドへのダメージは少なくなります。

こちらが、バックアップの必要性を尋ねた結果、相手が「助けてほしい」とか「話を聴いてほしい」などと応えた場合は、しっかりバックアップしましょう。とくに手段バックアップは、相手にそれと分かる直接的なバックアップですから、相手のバックアップへの欲求が強い場合は、相手の欲求を満たしてあげることができます。

相手が手段バックアップを求めていても、こちらに相手を助ける力がない場合は、その旨を伝えたうえで、情報のバックアップをするか、情緒のバックアップを実行しましょう。情報バックアップと情緒バックアップのやり方は、このあと述べます。

なお、こちらがバックアップの必要性を尋ねる前に、相手のほうから先に助けてほしいと言われた場合は、理由を聞かずに、即座にバックアップを実行しましょう。

スキル❷情報でバックアップする

高度情報化社会の中で仕事をしている私たちにとって、情報や知識を提供する情報バックアップは、直接、何かを手伝う手段バックアップと同じように、場合によってはそれ以上に価値をもちます。

情報バックアップは、相手から求められれば、すぐに実行して問題ないバックアップです。相手から求められたときは、「このやり方は、こうすればうまくいきます」「○×.comを見るといいよ」「この情報は、複数の観点から検討するのに役立ちます」などと、具体性のある情報を、断定的に与えましょう。ただし、相手がその情報を知らなかったことについては、一切言及しません。「これ、知らなかったの？」などとは言わないことです。

情報バックアップは、すでに述べたように、手段バックアップを与えることができないときの代替として使うこともできます。たとえば、「手伝ってほしい」と言われたのに、それができない場合は、「ごめん、こちらも手一杯で手伝えないけど、中村君は手が空いているって言ってたよ」とか、「ごめんなさい、私は、今からすぐに出かけなければならないんだ。でも、この会計ソフトを使うと自動的に計算してくれるよ」などといった対応になります。

手段バックアップの代替として情報バックアップを与えるときのポイントは、「選択肢として情報を与える」ということです。情報を与えるけれども、その情報を使うかどうかの決定は相手がする、というスタンスです。「こんな情報がサイトに載っていたよ」「別の見方をしてみることもできるけど、どうかな」「雑誌Aに必要な情報が載っているかもしれない」という具合です。情報を押しつけたり、情報を使うことを強要したりしない言い方をします。

スキル❸傾聴スキルで感情に寄り添う

感情は、私たちの仕事に大きな影響を与えます。不安や悲しみで気持ちが沈めば、目の前の仕事に取り組む意欲が減退します。不満があれば仕事のやり方がぞんざいになるかもしれません。不満がふくらんで怒りになれば、もっと仕事に差し障ります。

逆に、明るい気持ちになれば、元気や、やる気が出てきます。

感情は、周りの人に〝伝染〟します。一人の否定的な感情を放置すると、それが周りの人にも悪影響を及ぼします。これは職場のチームワークにとって危険なことです。一人の感情の問題は、職場全体の問題でもあります。感情の悪影響を減らすことができるのが情緒バックアップです。

情緒バックアップを必要としている人でも、職場の同僚に向かっては、自分のほうから自分の感情や気持ちの問題を話題にするのは避ける傾向になります。内面に関わる問題であり、仕事とは直接関係のない問題だと思うので、職場の人には話しにくいのです。そこで、情緒バックアップを実行するには、こちらから声をかけてあげます。声のかけ方は、スキル①で述べた、尋ね方の基本型、「様子を気遣う言葉＋相手に決めさせる表現」を使います。「元気なさそうだけど大丈夫？　私でよければ話だけでも聞くよ」などの言い方です。

この尋ね方に対して、相手が話を始めたら、相手の感情に寄り添うことが当面の目標です。相手がどのように感じているのか、なぜ、そのように感じているのかなど、相手の思いに、できるだけ寄り添います。〝寄り添う〟とは、必ずしも理解することではありません。相手の感情にできるだけ近づこうとすることです。理解しようと努めることです。そのために、**2**章で取り上げた「思いを受け容れる傾聴スキル」を使います。

2章では、傾聴スキルとして八つのスキルを紹介しましたが、相手の感情に寄り添うためのスキルは、「『とにかく聴こう』と自分に言い聞かせる」（スキル②）です。このスキルを実行して、①話を途中でさえぎったり、話題を変えたりしない、②道徳的・倫理的判断をしない、③話し手の感情を否定しないようにします。

とくに情緒バックアップをするときには、相手を慰めたり励ましたり元気づけたりするつもりで、「気にしすぎだよ」「そんなこと何でもないよ」などと言ってあげたくなります。しかし、話の途中で言うと、**2**章で述べたように、相手の感情を否定してしまうことになります。それを防ぐために、傾聴スキル②を使って「とにかく聴こう」と自分に言い聞かせるのです。

相手の話が長くなりそうなときや、話を聴く時間がない場合は、**2**章で述べたように、話を聴いている時間がないことをはっきり伝えたうえで、「きちんと話を聴きたいからこそ、今は時間がない、あとで時間があるときにしっかり聴く」旨を伝えます。

相手が感情や気持ちに関わる話を始めたら、傾聴スキル③「反射させながら聴く」を実行します。相手が、感情に関わる単語や表現をしているときには、すかさず、それを反射させせます。話を聴いている最中は、傾聴スキル④「体を使って聴く」を実行します。これらの実行は、「話を真剣に聴いている」というメッセージになります。

このように傾聴スキルを使って、相手の感情に寄り添った結果、相手の思いを理解できたと思ったら、傾聴スキル⑦「共感の言葉を発する」を実行します。たとえば「なるほど、気持ちはよく分かるよ」「確かに、それは不安だね」「それは腹が立つね」などの言葉を発します。「なるほど」や「確かに」という副詞が有効です。また、この場合の語尾の「ね」は、共感の意味を伝えます。

さらに、相手の感情に同意できる場合は、基本型「私も＋相手の感情語」で、共感を表明します。

情緒バックアップを必要としている人の多くは、助言や意見がほしいのではなく、自分の感情を理解してほしいと思っています。傾聴スキルを使って話を聴いて、相手の感情をそのまま認めてあげれば、それだけでも相手は気持ちが軽くなります。場合によっては、相手は、十分に聴いてもらったことで自分自身で解決策を見出すこともあります。

なお、傾聴スキルの詳しいことは、2章を読んでください。

スキル❹相手の思いを否定して励ます

情緒バックアップを必要としている人の話を十分に聴いて受け容れてあげれば、すでに述べたように、それだけでもバックアップの効果はあります。

しかし、単に相手の否定的な感情を受け容れただけでは、バックアップの効果を発揮しない場合もあります。バックアップへの欲求が強い人は、単に話を聴いてもらっただけでは満足しないことがあるからです。また、情緒バックアップを必要としている人の中には、自分の否定的な感情や考え方を否定してほしいと思っている人もいます。

このような人には、話を聴いたあとで、その人の感情や考え方を否定して、感情を少しでもプラスの方向に動かしてあげる必要があります。

このときの基本型は、「打ち消しの表現＋肯定的（楽観的）な結果」です。「打ち消しの表現」の部分で、相手の否定的な感情や、否定的なものの考え方を打ち消します。

そのあとで、「肯定的な結果」や「楽観的な結果」を伝えて、相手の否定的な感情や考え方をさらに打ち消すのです。「でも、あなたなら大丈夫だよ」「しかし、小林さんならきっと成功すると思います」などは典型的な表現です。「肯定的（楽観的）な結果」を伝えることがポイントですから、たとえば「でも、気にしすぎじゃないの」だけでは不十分です。「でも、気にしすぎじゃないの。あなたなら、うまくやれるよ」などと肯定的な結果を付け加えます。

「肯定的な結果」の代わりに「具体的な行動指針」を与えて、相手の感情をプラス方向へ動かす言い方もあります。「でも、気にしすぎじゃないの。思い切って打ち明けてみたらいいじゃない」「しかし、加藤さんなら、もう一度、やってみるべきだと思います」などとなります。

ただし、「打ち消しの表現＋肯定的（楽観的）な結果」は、相手の話の途中で発せられると、説得力をもたないだけでなく、スキル③で述べたように、相手の感情を否定するだけで終わってしまい、情緒バックアップにはなりません。したがって「打ち消しの表現＋肯定的（楽観的）な結果」を使う前には、必ずスキル③の実行が必要です。感情に寄り添ったあとでこの基本型を使えば、相手はこちらの「打ち消し表現」

に納得しますので、相手を励ますことになります。

相手を励ますためには、［打ち消しの表現＋肯定的（楽観的）な結果」のあとに、状況によっては「我々メッセージ」を加えることも可能です。「我々メッセージ」とは、聴き手が話し手に向かって「我々」「私たち」「みんなで」などの言葉を使って、話し手と同じ立場であることや一緒に行動するつもりであることを伝える話法です。たとえば「私も一緒にそのことについて考えてみます」「それは我々の問題だね」などの言い方です。「我々」「私たち」「みんなで」という言葉を直接使わなくても、たとえば「一緒にがんばろう」などという言い方も「我々メッセージ」です。

このような言い方をすると、話し手は自分が独りではないと思うことができ、思いがプラスの方向に動きやすくなります。

なお、「我々メッセージ」については7章を参照してください。

スキル❺気分を変えさせる

バックアップ・スキルの最後は、「相手の気分を変えさせる」です。これは、相手が囚われている否定的な感情や否定的な考え方を中断させることを狙って、話し手に身体的な働きかけをしたり提案をしたりする情緒バックアップです。

たとえば、ユーモアを発揮して、おもしろいことを言って相手を笑わせたり、相手の前に缶コーヒーをポンと置いてあげたりすることです。

体を動かすことは、気分を変えさせたり、囚われている思いを中断させたりするのに有効です。「ちょっと体を動かしてみようか」などと言って、両肩を前から後ろに動かしたり、首を左右に傾けたりぐるりと回したりすることを一緒にやるのも情緒バックアップです。「ちょっとその辺を歩いてこよう」と誘って、建物の中や建物の外を一緒に散歩するのもよいでしょう。

仕事が終わったあとにカラオケや飲み会に誘ったり、休日に一緒にでかけることも情緒バックアップに含まれます。このようなことは、相手が上司なのか部下なのか、男性か女性、友人かそうではないかなど、相手との関係によっては実行できないことがありますが、要するに、こちらから働きかけて相手の気分を転換させることができれば、このスキルを発揮したことになります。

気分転換は、問題を解決することには直結しませんが、相手の気持ちが軽くなったり、気分が変わったりすることで、これまでとは違った別の視点に気づいたり、解決策を思いついたりすることがあります。

「相手の気分を変えさせる」スキルを発揮するのは、原則的にはスキル③「傾聴スキルで感情に寄り添う」を実行したあとですが、相手の落ち込んでいる様子や元気のない姿を見て、何も聴かずに、このスキル⑤を実行することがあってもかまいません。

5章　チーム力を高めるための話し合いスキル

5-1 話し合いのプロセスが重要

ビジネスの現場では、各人がめざすべき目標や仕事の内容などは、あらかじめ決まっていて、トップダウンで現場に降りてきますが、他方で、職場内のメンバーで話し合ってものごとを決める機会も多いはずです。

職場のメンバー同士が意見を出し合って物事を決めていく会議や話し合いには、さまざまな立場の異なった視点から、ものごとを決めることができるというメリットがあります。一人で考えているときには気づきにくい偏った視点や間違った考えを知る機会になります。

また、話し合いの結果、「自分たちで決めた」という意識がもてれば、トップダウンで与えられたときよりも、決めたことを実行するモチベーションが高まります。その結果、実行率が高まり、決めたことの実際の効果や効力が発生しやすいというメリットもあります。

さらに、話し合いには、職場のチームワークを高める効果も期待できます。職場での話し合いは、一つの問題に対して、メンバー全員で取り組むことを意味します。そのため、各人が一人で問題を解決するときに比べて、職場への一体感や帰属意識を高める効果があります。つまり、職場での話し合いは、各人がひとつの職場（チーム）の一員であることを思い出させてくれる場でもあります。

このようなメリットを実現するには、話し合いによる決定が、メンバー全員が納得できるものでなければなりません。しかし、メンバー全員が納得できる決定をするのは簡単なことではありません。職場での一人ひとりは、性格も能力も、経験年数も、役割や立場も違っているので、各自が違った意見をもっているからです。

そこで、「各自が違った意見をもっているのは当たり前である」「各人がもっている意見が簡単に一致しないことは自然のことである」という前提に立ちます。そのうえで、職場での話し合いは、一定の同調や妥協が必要であるということをメンバーがお互いに認め合うことが必要です。話し合いとは、同調することであり、妥協することです。

話し合いの結果が、妥協の産物であっても、職場のメンバー一人ひとりが納得できる話し合いは可能です。納得感に影響を及ぼすのは、話し合いで決まった「結果」よりも、むしろ話し合いのプロセスだからです。話し合いのプロセスを丁寧に行い、十分な話し合いを通じて職場としてふさわしい意見にまとめることができれば、各個人にとっては妥協した結果であっても、納得感の高い話し合いだと言えます。

そのためには具体的に次のようにします。

1　参加者それぞれが発言し、自らの考えを吐露する機会をもてるようにする

話し合いをしても、ひと言も発言しないままものごとが決まってしまうと、私たちは、〝与えられた〟決定という感覚に陥ります。不満も発生しやすくなります。逆に、自分がひと言でも発言したあとに決定されたことは、「自分たちで決めた」という感覚をもちやすくなります。

各参加者が自分の考えを吐露できるようにするには、発言に対して、ほかのメンバーからの頭ごなしの批判や嘲笑などのない、安心して発言できる雰囲気が大切です。

2　お互いの異なった視点や意見を知ったうえで、共通の目標を見出す場にする

話し合いは、お互いの考えや視点が違うことが明らかになる場です。私たちは、自分と違う意見や考えを知ると、自分の意見が正しいことを証明したい気持ちに駆られて、ほかの人を論破したり、自分の意見を通したりすることを目的にしてしまいがちです。話し合いの場を、個人間の勝負の場にしてはいけません。その場の雰囲気が悪化するだけでなく、話し合いのあとの職場の雰囲気も悪くなります。お互いの視点や考えの違いを知ったうえで、共通の目標を見出す場にしなければなりません。

3　話し合いの前に、何について、どこまで話し合うのか確認する

話し合いの前に、毎回、何について、どこまで話し合うのか確認してから話し合いを始めます。話し合いの目的は、何かを決めることだけではありません。現状を確認することが目的の場合もありますし、目標に到達するための手段について話し合うこ

ともあります。今回の話し合いは、何について、どこまで話し合うのか、話し合いの目的や到達点を確認してから話し合いを始めます。こうすることで、焦点がぶれない話し合いになり、結果として、納得感の高い話し合いになります。さらに、納得感の高い話し合いにするためには、次の節で述べる、問題解決の基本ステップを踏むとよいでしょう。

5-2 問題解決の基本ステップ

話し合いの参加者が、問題解決の基本ステップを踏むと、納得感の高い話し合いになります。問題解決の基本ステップとは、図5に示すように、「問題点の明確化」「解決策の案出」「解決策の決定と実行の確認」のステップを経て、実際に解決策を実行し、そのあとで「成果の確認」に至るという四つのステップです。

この四つのステップは、問題解決を図るときの基本的なステップですので、話し合いも、これに対応して行うと、焦点がはっきりした話し合いになります。ただし、一

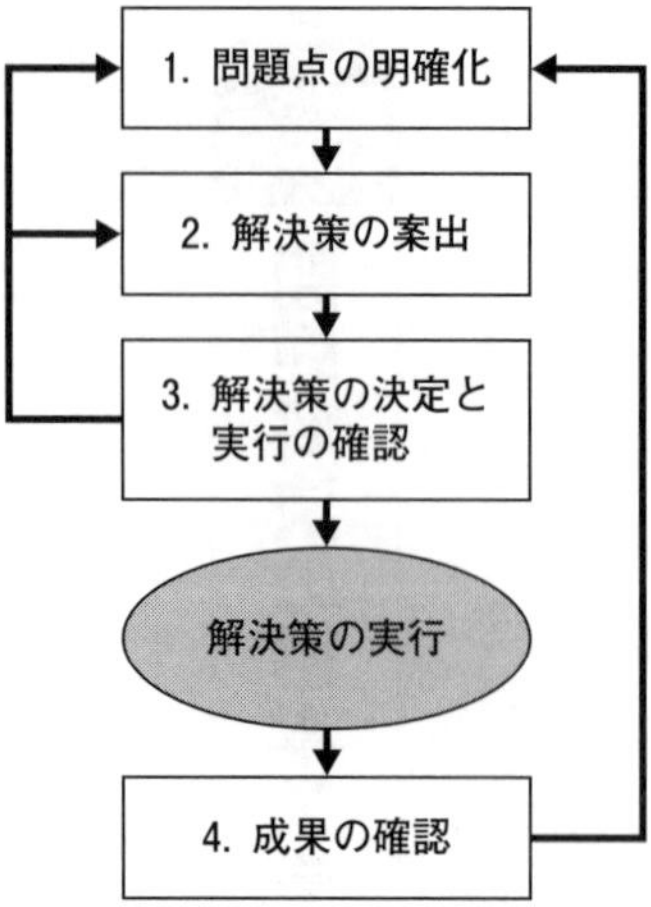

図５　問題解決の基本ステップ

つのステップが一回の会議に対応しているわけではなく、また、一回の会議で四ステップをすべて踏まなければならないわけではありません。一つのステップが数回の会議を必要とすることもあります。各回の会議が、この基本ステップの中のどこの位置の会議であるのかを、話し合いの参加者全員が合意していることが大切です。

ステップ❶問題点の明確化

ステップ①は、問題点が何であるかを明らかにするステップです。職場で、トラブルが起こったり、外部から苦情が来たり、職場で掲げた目標が達成できなかったりすれば、問題が起こっていることは誰にでも分かります。しかし、問題が起こっているのが分かることと、問題点が何であるかが分かることとは別です。何が問題点なのかを明らかにするために、つまり「問題」から「問題点」へと焦点を絞るために、話し合います。

たとえば、複数の顧客から同じ内容の苦情が来たとします。問題が起こっていることは分かりますが、顧客は何を問題にしているのか、苦情の内容は、製品のことなのかスタッフの対応の悪さのことなのか、あるいはそもそも職場が責任をもって対応すべきことなのかなど、問題点を絞る必要があります。そのために情報が共有され、話し合いが行われます。

話し合いで問題点がはっきりした段階で、司会役の人は、それを改めて明言すると、参加者の間で問題点を間違いなく共有することができます。

たとえば「問題点は、製品の取扱説明書をダウンロードしなければならないのに、そのダウンロードの仕方が分かりにくいということです」などと明言します。

問題点がはっきりすれば、次のステップである、具体的な解決策を考えることができるようになります。

ステップ❷解決策の案出

このステップは、焦点を絞った問題点の解決策をできるだけ多く考える段階です。司会役の人は、解決すべき問題点を提示しながら参加者全員が解決策を考えるように促します。前の節で述べた「1　参加者それぞれが発言し、自らの考えを吐露する機会をもてるようにする」ことが重要です。

このステップでは、「数の原理」と「判断延期の原理」（ネズ・ネズ・ペリ一九九三）を採用します。「数の原理」は、数多くの解決策を考えつくほど効果的な解決策が生まれる確率も増すので、数の多さを優先させるというルールです。また「判断延期の原理」は、一つひとつの解決策の善し悪し（たとえば「予算が足りない」などの判断）はあと回しにして、この段階では判断しないというルールです。この二つのルールを司会役の人が、「本当に実行できるかどうかとか、こんなことは許されないんじゃないかとか、つまらない案だとか、そういったことはあとから考えることにして、今はとにかくできるだけ多くの解決策を考えてみましょう。たくさん考えつけば、良いアイディアが思いつく可能性も増えますから」などと、改めて宣言してもよいでしょう。

この二つのルールに従って話し合いをすることが、ブレインストーミングです。洗練された考えよりも粗野な考えを、誰もが思いつきそうな考えよりも奇抜で斬新で新奇性のあるユニークなアイディアを歓迎し合います。ほかの人の意見やアイディアを評価したり批判したりせずに、とにかく数を重視します。そのために、一つ出た考えをさらに改善したり発展させたり、別の考えと結合させて一つにしたりして数を増やします。

多くのアイディアが出て、収拾がつかなくなりそうであれば、各アイディアをホワイトボードなどにキーワードの形で書き出して、アイディア同士の関係を矢印や線で示すマインドマップの手法を使うとよいでしょう。

なお、問題点の解決策を考え出そうと話し合っているうちに、解決すべき問題点を考え直さなければならなくなることもあります。そのようなときは、図5の左側の矢印で示したように、ステップ①の「問題点の明確化」に戻ります。

ステップ❸解決策の決定と実行の確認

ここは、ステップ②で考え出したいくつかの解決策のうち、実際に実行する解決策を話し合いで決め、それを実行することを確認し合う段階です。

一つの解決策に決めるときのポイントは、「すぐに実行できるかどうか」という点です。実行するのに労力やコストがかかる解決策は、たとえ効果的であっても避けるべきです。また、一つの解決策を一回実行しただけで問題が解決するとは限りません。いくつかの解決策を何回も実行して、ようやく問題が解決することのほうが多いでしょう。

そこで、必ずしも本質的で決定的な解決策でなくても、すぐに実行できる解決策を選んで、とりあえず実行してみるという対処法が、問題解決への現実的な近道となります。話し合いで、すぐに実行できそうな解決策をとりあえず一つ選びましょう。すぐに実行できそうな解決策が複数あるときは、実行する順番を付けてみるとよいでしょう。

解決策が選ばれたら、いつ、どこで、どのように実行するのか、具体的なことを話し合います。

なお、このステップで、実行できそうな解決策が一つもなかったり、問題点が不明確であることが分かったりすることもあります。そのようなときは、図5の左側の矢印で示したように、ステップ②の「解決策の案出」や、ステップ①の「問題点の明確化」に戻ります。

ステップ❹成果の確認

このステップは、解決策を実行したあと、その解決策の成果を確認し合う段階です。実行した結果がどうであったか、話し合いの参加者全員で情報を共有します。

一つの解決策を実行してもすぐに問題が解決することはまれです。実行した成果が芳しくなければ、何が問題点なのか話し合います。つまり、ステップ①に戻ります。そしてステップ②に進んで解決策をあれこれ話し合い、ステップ③で次の解決策を決定し、実行の確認をします。こうしてステップ①からステップ④までを何回も繰り返します。

5-3 チーム力を高める話し合いスキル

いわゆる〝ビジネス会議〟に関するノウハウは、先に述べた問題解決の基本ステップを踏むこと以外にも、インターネットのビジネス関連のサイトや、ビジネス関連の書籍に、数え切れないほど列挙されています。会議の準備の仕方、議事進行の進め方、会議のあとの整理法など、会議そのものに関する細かい心得や注意事項については、それらのサイトや書籍を参照していただくとして、この節では、話し合いの参加者の納得感を高めて、職場のチーム力を向上させるうえで効果のあるスキルに焦点を絞ります。

なお、話し合いには少なくとも、ほかの人の発言を聞く側面、自分が発言する側面、自分の意見とほかの人の意見を調整する側面があります。以下、この三つの側面それぞれにおいて求められるものを順に紹介します。

以下のスキルは、上司なのか部下なのかによって強弱は多少異なりますが、どのような立場の人にとっても職場のチーム力を高めるために必要なスキルです。

スキル❶体を使って関心があることを示す

ほかの人の発言を聞くときには、体を使って発言内容に関心があることを示しましょう。関心があることを示す体の使い方は、2章の表1で紹介したものが基本になります。

ただし、話し合いの場面は、一般には机をはさんで席についていることが多いので、2章の表1で示した体の各部分のうち、「動き」「距離」「高さ」「タッチング」などは使えません。使える体の部位は、「体の向き」「姿勢」「視線」「うなずき」です。

関心があることを示すには、発言者のほうに体を向け、軽く前傾姿勢をとって、注視します。意見に賛同する場合は、これにうなずきを加えます。発言内容によっては「表情」も使って笑ったり、しかめ面をしたりすることもできます。このように体の各部分を使えば、口では何も言わなくても、発言に関心をもっていることを伝えることができます。

話し合いでの発言者は、自分の意見がどのように受けとめられているか気にしながら発言しているので、話し合いの参加者の体の動きには敏感です。最近は、話し合いや会議にパソコンを持ち込む人も増えましたが、たとえ耳で意見を聞いていても、視線も姿勢も体の向きもパソコンの画面に向かっているのを見ると、発言者は、自分の発言を聞いてもらっているのかどうか不安になります。発言者は、当人が思っている以上に、ほかの参加者の体の動きに励まされて発言をしています。話し合いの参加者一人ひとりが、発言者の話に関心を示せば、議論は活発になり、納得感の高い結論が導かれます。

なお、6章の「心の距離を縮めるオープンマインド・スキル」のスキル⑧「自分の言動をモニターする」も参照してください。

スキル❷事実と解釈を分けながら聞く

発言内容には、数値に基づくデータや情報などの客観的な事実の話と、発言者の主観に基づく解釈が混在しています。発言者の主観的な解釈を「事実だ」と思いこむと、発言者の意見に賛同する選択しかないように思えたり、判断を誤ったりしてしまいます。発言者が提示する事実は、自分の意見を考えたり判断を下したりする際に役立てますが、発言者の解釈は、賛同できるものか賛同できないものか、慎重に吟味しましょう。発言内容を事実と解釈に分けながら聞くためには、ほかの人の発言を聞きながら、「これは事実なのか解釈なのか」と自己会話をします。自己会話で自らに質問して、その答を探るつもりで発言者の発言に耳を傾けます。

先のスキル①とこのスキル②を実行すると、体では、発言に関心があることを示しつつ、頭の中では「これは事実なのか解釈なのか」と自己会話を繰り返すことになります。ほかの人の発言を、表面上は黙って聞いていても、体も精神も活発に動いていることになります。

スキル❸開いた質問で論点を深める

自分の意見を言う前に、ほかの発言者の発言内容を確認する作業をしましょう。確認を手短に行うならば、2章で説明した「閉じた質問」のほうがよいと思われがちですが、「閉じた質問」は、発言者に「はい」か「いいえ」の答を求めるため、発言者を問いただすような印象を、発言者にもほかの参加者にも与えます。話し合いを取り仕切る役目（議長など）にある場合は「閉じた質問」でもよいですが、参加者の一人としてほかの人の発言内容を確認する場合は、「開いた質問」を使います。

「開いた質問」を使えば、発言者の発言内容を確認できるだけでなく、発言内容に関心があることを示すことになります。また、自分の意見を言わなくても、話し合いに積極的に参加している姿勢を示すことにもなります。さらに、「開いた質問」をすれば、いきなり自分の意見を言う場合に比べて、自分の意見を言うための心の準備になります。

「開いた質問」は、発言者にもう一度、発言の機会を与えることになりますから、発言者は自分の発言を見直し、論点を明確にすることになります。ほかの参加者も、論点がはっきりすれば発言しやすくなります。話し合いでの「開いた質問」には、議論を活発にし、論点を深める働きがあります。

スキル❹発言を妨げる感情をコントロールする

職場での話し合いの場で発言をするには、多少、勇気が必要です。上司と部下、営業部門と管理部門など、役割がはっきりしている職場内での話し合いには、一定の集団圧力が存在しているからです。たとえば「発言順位は上司が先であるべきだ」「上司の発言内容が決定事項になる」「営業部門は管理部門にもの申すようなことはしない」など、話し合いの参加者が暗黙のうちに共有しているルールがあり、これに従うように、口では言わなくても圧力がかかっています。そのため、いざ発言しようとすると、発言を躊躇させる否定的な感情がわき起こります。自分の思いをきちんと口にできるかどうか不安に思ったり、焦ったり、恐れを感じたりします。ほかの人の視線や評価が気になります。

とくに、ほかの人がまだ発言していない内容の意見を表明したり、それまでに主流になっている意見に反論したりする場合には、強い緊張を伴います。あるいは、ほかの人の意見を聞いて怒りを感じてしまい、この怒りが発言を妨げることもあります。

このような感情に負けて何も発言しないまま話し合いが終わってしまうと、不全感や不満が残り、話し合いでの決定は〝与えられた決定〟に感じられてしまいます。そうならないように、発言を妨げる感情をコントロールする必要があります。

発言を妨げる感情をコントロールするには、自己会話と深呼吸が有効です。3章で紹介したように、自己会話には、心の中で自分に「落ち着け、落ち着け」などと言い聞かせて、気持ちを落ち着かせる鎮静効果と、「ゆっくり話せ」「大きな声を出せ」などと言って聞かせて、どのように振る舞うべきかを自分に指示するコーチ効果があります。人によって、鎮静効果をねらった自己会話が有効な人もいますし、コーチ効果をねらった自己会話のほうが有効な人もいます。両方の効果を必要とする人もいます。いずれの場合も、話し合いの場で、自分がどのような感情に負けやすいか、どのような発言パターンになりやすいか（声が小さくなる、早口になるなど）振り返って、それらの〝症状〟に対応した自己会話のセリフをあらかじめ決めておきます。そして、話し合いの席で自分が発言する前に自己会話を心の中で繰り返して、感情をコントロールするのです。

深呼吸は、自律神経系の副交感神経の働きを活発にしてくれます。副交感神経の働きが活発になると、感情が安定し落ち着いてきます。深呼吸をすれば、緊張や不安の感情が和らぎますし、怒りのような興奮を沈める効果があります。呼吸数を数えながら深呼吸をすると効果が増しますので、自己会話で「深呼吸しろ」と自分にコーチしながら、一から十まで数えましょう（十まで行ったら、また一に戻ります）。

スキル❺同意していることを口にする

ほかの人の意見を聞いていて、同意できると思ったら、そのことを口に出しましょう。スキル①で述べたように体を使えば、ほかの人の意見に同意していることを示すこともできますが、言葉で表明することが大切です。

もっとも簡単な話法は「私もそう思います」です。ほかの人が意見を言ったあとに、このひと言を発するだけで、話し合いに積極的に参加していることをアピールすることができます。また、このひと言をきっかけに、なぜ同意するのか、その理由について説明したくなるかもしれませんから、発言への動機を高めることができます。

さらに、このひと言は、意見を言った人を励ましますし、ほかの人の意見の呼び水になります。こうして、このひと言が、話し合いの流れを作り出します。場合によっては話し合いの結論を方向づけます。

スキル❻肯定してから提案の形で意見を言う

いきなりほかの人と違った意見を言うのは、緊張を強いられますし、違った意見を言われるほうは、頭から否定されたように感じてしまう恐れがあります。いずれの側にとっても良いことはありません。

そこで、ほかの人と違った意見を言うときや反論するときは、すでに出ている意見の中の同意できる部分や優れている部分について、まずは口に出します。そのあとに、自分の意見をもう一つの提案の形で付け加えます。ただしこのとき、単純なイエス・バット話法にならないようにしましょう。

イエス・バット話法とは、相手の意見に賛成できないときでも一応、「ええ、そうですね」などと「Ｙｅｓ」で受けておき、そのあとで「しかし」「でも」などの「Ｂｕｔ」に相当する言葉を言ってから、自分の意見を述べる話法です。

ここで紹介するスキルは、イエス・バット話法をもっと穏やかにした話法です。「Ｙｅｓ」は言いますが、「Ｂｕｔ」とは言わない話法です。その代わりに、自分の意見をあくまで、もう一つの選択肢として提案の形で言う話法です。

たとえば「そのやり方なら確かに売上げが伸びると思います。ほかにも、こんなやり方も考えられますが、どうでしょうか」という言い方になります。あるいは「そのやり方なら確かに売上げが伸びると思います。もし、こんなやり方をしたら、どうでしょうか」という言い方になります。提案の形をとり、疑問文で問題を提起するにとどめます。「ほかにも」「もし」以外に、「さらに」「実は」「そういえば」などの接続詞が使えます。

この言い方は、ビジネス書の分類に従えば、イエス・アンド（ａｎｄ）話法、あるいは、イエス・イフ（if）話法です。

イエス・アンド話法と呼ぶかイエス・イフ話法と呼ぶかはともかく、ポイントは、①すでに出ている意見を認めること、②自分の意見が、前の発言者の意見と反対の内容であっても、順接の接続詞を使うこと、③自分の意見は、一つの選択肢や提案、あるいは問題提起であるように表明することです。

このような話法には少なくとも二つのメリットがあります。一つは、意見を言うことに対する抵抗感が和らぎます。最初から、「良い意見を言おう」「反論するぞ」などと構えてしまうと、意見を言うことに伴う緊張や不安が高まってしまいます。「一つの選択肢として提案をしよう」と思えば、多少なりとも気軽に意見を言うことができます。

もう一つのメリットは、すでに意見を言っている人のプライドを傷つけなくて済みます。すでに意見を言っている人は、自分の意見が頭から否定されるわけではないので、こちらの意見にも耳を傾けてくれやすくなります。ほかの参加者も耳を傾けやすくなります。話し合いの雰囲気がとげとげしくなるのを防いでくれます。

スキル❼意見を主語にする

職場での話し合いでは、発言者と、その発言者の意見を切り離して、意見のほうを主語にする話し方を実行しましょう。

たとえば、吉田さんの意見に反対のときに、「吉田さんは厳しすぎると思います」とか、「吉田君はコストに対する考えが甘い」などと言えば、意見ではなく発言者の人柄や能力に言及したことになります。発言者は責められていると感じ、反発や抵抗の気持ちがわき上がります。こうなると、話し合いの場が勝ち負けにこだわる場になってしまい、本来の目的からずれたものになってしまいます。

話し合いの場は、人柄や能力をプレゼンし合う場ではなく、あくまでも意見を出し合う場です。そのことを自分自身で常に意識し、話し合いの参加者にも意識させるためには、「その意見は」と言ったり、多少まわりくどいようでも「先ほどの○○という案は」などと言ったりして、個人名を出さずに（「吉田さんの意見は」という言い方もしない）意見そのものを主語にします。こうすることで、「自分が反対しているのはあくまでも意見に対してである」ということを伝えることができます。

このスキルは、ほかの人の意見に賛成するときは厳守しなくても大丈夫ですが、反論をするときには、必ず実行しましょう。

スキル❽意見を変えたことを表明する

話し合いが進むうちに、自分の意見が変わることがあります。それまで、何も発言しないままほかの人の意見を聞いているうちに、自分の意見が当初とは変わる場合もありますし、ある意見を表明したあとで、ほかの人の意見を聞いているうちに自分の意見が変わる場合があります。

前者の場合は、それまでの自分の意見が変化したことは誰も知らないのですから、意見が変化したことを表明しないまま、スキル⑤「同意していることを口にする」を実行してもかまいません。ただし、「意見を聞いているうちに、○○という案のほうが良いと思うようになりました」などと発言して、自分の内で意見の変化があったことを告げたほうが、単純にスキル⑤を実行するよりも、話し合いの流れに影響を与えることができます。

後者の場合、つまり、意見を表明したあとで、ほかの人の意見を聞いているうちに自分の意見が変わった場合は、意見が変わったことを表明しましょう。いったん発言したことを撤回するような発言は勇気が要りますが、これを実行すると、話し合いの流れに強い影響を与えることができます。また、話し合いは意見の交換であるということを参加者に示す効果があります。さらに、「自分は頭の柔らかい柔軟性のある人間である」ということを示すこともできます。

スキル❾先に譲歩してみせる

話し合いをしても、どうしても意見が一つにまとまらなかったり、自分の意見がほかの人から受け入れられなかったりすることがあります。そのようなときに、自分の意見とほかの人の意見を比較して、譲歩できる点がないか考えてみます。

譲歩できる点とは、数を減らしたり条件をゆるめたりして妥協できる点です。譲歩できる点がないかどうか考える際には、次のような点を頭の中でチェックしてみます。①話し合いの目的は何であるか、②職場がどのような状態になるのが望ましいのか、③個人的な好き嫌いや一般的な評価、優れた意見かどうかということとは別に、現実的に実現可能なのか、です。

譲歩できる点があれば、その点を発言して、先に譲歩してみせましょう。

こちらの譲歩を知ると、対立意見を述べていた人も譲歩する気持ちになりやすくなります。こちらの譲歩や、お互いの譲歩が意見の一致へと導くことになります。

おもに上司が必要とするスキル

6章　部下との距離を縮めるスキル

6-1 リーダーシップ論から導き出される上司のあり方

リーダーシップとは、集団が掲げている目標の達成のために、集団内のほかのメンバーに働きかけて、目標とする方向にメンバーを引っ張っていこうとするときに発揮される一連の言動のことです。このリーダーシップに関する最近の考え方では、リーダーシップは、必ずしもリーダーがフォロワーに一方的に働きかける言動ではないという考え方が主流になっています（坂田・淵上 二〇〇八）。

たとえば相互影響アプローチの考えでは、そもそもリーダーは、フォロワーにリーダーとして認められなければ効果的な働きかけはできないと考えるところから出発します。また、リーダーがフォロワーに働きかけるだけでなく、それに応じるフォロワーもリーダーに働きかけるという双方向的な影響過程としてリーダーシップをとらえています。

変革型リーダーシップの考え方では、リーダーは、組織を変えようとするカリスマ性のある力強いリーダーシップを発揮するだけでなく、フォロワーへの働きかけも十分に行うことを強調しています。具体的には、新しい観点から自分の仕事を見るようフォロワーの関心を刺激することや、組織の使命をフォロワーに十分に意識させること、フォロワーの能力や潜在力を高いレベルへ引き上げようとすること、フォロワー個人の利益や関心を越えて、組織に利益をもたらすようにフォロワーをモチベートすることなどです。

さらに、サーバント・リーダーシップの考え方では、リーダーには、「どうすべきか」よりも「どうあるべきか」という倫理観が求められます。その倫理観を背景に、リーダーはフォロワーからの信頼に基づいて、フォロワーの自律性を高め、チーム力を引き出すよう働きかけて、フォロワーの成長を支援し、奉仕するものだという考え方を提唱しています。

このような近年のリーダーシップ論に共通しているリーダーのあり方は、リーダーからフォロワーに積極的に近づいて心理的な距離を縮めて、フォロワーに働きかけ、同時に、自分自身をもフォロワーの意見を受け入れて変容させていく姿です。

リーダーシップの本来の意味からすれば、リーダーシップは、職場の役割である「上司」だけに求められるものではありませんが、ここでは、あえて上司が部下に発揮する言動として狭くとらえてみます。そうすると、上司に求められる言動のあり方が見えてきます。つまり、部下に積極的に近づいて心理的距離を縮めること、部下に働きかけて自律性を促すこと、そして自分自身も部下の意見を受け入れて変容することです。

これらのことを実践するスキルとして、2章から5章までに紹介したスキルは、上司の立場でも大いに役立ちます。ぜひ実行してください。

ただし、それだけでは不十分ですので、この章では、2章から5章までのスキルに重ねる形で使うと有効な、部下に積極的に近づくためのスキルを紹介します。部下の自律性を促すスキルは、このあとの章で紹介します。

6-2 心の距離を縮めるオープンマインド・スキル

上司という役割は、多くの組織において、組織の上層部から与えられた役割です。部下から尊敬されていなくても組織の編成上、部下の〝上〟に位置づけられています。上司の目の前にいる部下たちも、多くの場合、上司が自分の意思で選抜したわけではありません。やはり上層部から与えられた存在です。

このことを部下の視点から見れば、自分たちの代表として選び出したわけでもない人が、自分たちの〝上〟に位置していて、自分たちに指示や命令を出してくるということになります。

このように、職場の上司と部下という関係は、お互いが与えられた条件として出発します。お互いが与えられた条件のもとで、上司が自らの役割を十全に遂行するには、上司も部下も同じ職場のメンバーとして、心理的に部下に近づくことが重要です。心の距離が縮まっていれば、お互いの意思は、疎通に時間や労力がかからないばかりか、誤解されにくい状態で両者の間を行き来します。

上司として、部下との心の距離を縮める作業は、組織の目標達成という本来の仕事とは別種のものですが、部下との心の距離の近さが、結局は目標達成の近道になりますので、本来の仕事を補強する大切な仕事だと思い定めてください。

以下に紹介するスキルは、心の距離を縮めるために、上司の側から積極的に心を開いていることを示すスキルです。〝心を開いている〟ことはもちろん大切ですが、それ以上に、心を開いていることを〝示す〟ことが重要です。

スキル❶こちらから先に声をかける

上司と部下という関係においては、上司が率先して部下に声をかけなくても許されます。この前提があるからこそ、上司のほうから先に部下に声をかけることが、部下との心の距離を縮める効果を生みます。

上司から先に「声をかける」ことをすぐに実行できるのは、あいさつです。

たとえば朝、職場に行ったら、すかさずこちらから「おはようございます」と、朝のあいさつをしましょう。その場にいる部下全員に聞こえる声の大きさで言うのがポイントです。相手に聞こえないあいさつは、あいさつをした当人に悪い効果をもたらします。あいさつが聞こえていないにも関わらず「無視された」と思い、相手のことを悪く判断したり、自分の評価を自分で下げたりするからです。

こちらからのあいさつに対して、部下がどのように反応するかを見れば、部下の様子を知る手がかりになります。元気がなさそうな部下がいれば、あいさつのあとに「元気がないように見えるけど大丈夫？」などと、さらに声をかけてあげることができます。逆に、いつもよりも明るい声であいさつを返す部下がいれば「張り切っているね、何か良いことでもあったのかな」などと言って、さらに明るく相手の気分を盛り上げることもできます。

なお、定型のあいさつの言葉を言うときに、相手の名前を添えると親密感が増すと言われています。たとえば「林さん、おはようございます」という言い方です。

あいさつをする機会は朝だけではありません。外回りをした部下が職場に戻ってきたときに「お帰りなさい」と言ったり、自分が職場を離れるときに「行ってきます」と声に出して出かけたり、あるいは一日の仕事の終わりに「お先に」などと言って職場を去ったりすることができます。

「こちらから先に声をかける」ことは、あいさつだけでなく、報・連・相においても実行できることです。

今では、たいていのビジネスパーソンが報・連・相について知っていますが、うまい語呂合わせだけが一人歩きしていて、中には、報・連・相は部下だけが上司に対して実行すべきものと思い込んでいる上司もいます。このような上司は、部下に向かって「ホウレンソウだ、ホウレンソウだぞ」と、やたら強調しますが、自分は部下に対して報告も連絡も相談もしません。

もちろん上司は、部下にいちいち報告も相談もする義務はありませんが、だからこそ、上司のほうからも部下に対して報・連・相を実行すれば、部下との心の距離を縮めることができます。部下が上司に対して行うような律儀な報・連・相でなくてもよいのです。部下に「きのうの企画会議ではこんなことが決まった」と報告し、「どうしたらいいと思う?」と相談すれば、部下を信頼していることを示すことになります。部下にとっては、上司が何を考えているか理解しやすくなり、上司をサポートしやすくなります。

日ごろの業務の中でも、上司のほうから先に声をかけて、部下が話をするきっかけを与えてやることができます。きっかけの与え方は、2章で紹介した傾聴スキル①

「話すきっかけを与える」を読み直してください。そこで述べたように、「開いた質問」の形で、部下に声をかけましょう。「きのうの営業は、どうだった?」とか、「ちょっと元気なさそうじゃない、何かあったの?」などです。

このような声かけに対して、部下が話を始めたら、2章で紹介した傾聴スキル②の『とにかく聴こう』と自分に言い聞かせる」から、スキル⑦「共感の言葉を発する」までを実行しましょう。

スキル❷時間に余裕があるフリをする

「職場は戦場」などと大袈裟なことを言わなくても、職場が厳しい場所であることは誰でも心得ています。その厳しい職場にあって、上司が忙しそうに仕事をして、部下と話をするときも眉の間に皺を寄せて話をしていたら、部下は上司に近寄りがたくなります。

忙しい現場であればあるほど、上司は時間の余裕がありそうな動作を部下に見せましょう。実際は駆け出したいほど忙しいこともありますから、時間の余裕がありそうなフリをすることになるかもしれませんが、それでもかまいません。

たとえば、ときおり、両腕をあげて伸びをしたり、ぼんやり部下のほうを見たり、窓の外を眺めたりしましょう。お茶やコーヒーを、これまでよりも三分ほど長い時間をかけて飲んでみましょう（〝三分間〟に科学的根拠はありません）。歩くときも、せかせか歩くのではなく、顔をあげて、できるだけゆっくりと歩いてみましょう。

忙しく動いてみても、節約できる時間はたかが知れています。それに対して、時間に余裕があるフリをすると、部下が話しかけやすくなり、部下との距離が縮まって、ゆくゆくは問題解決や目標達成をしやすくなります。長い目で見れば、かえって時間が節約できるのです。

余裕があるフリをすれば、上司である当人にも良い効果が生まれます。たとえフリであっても、そのような動作をすれば、自律神経系の副交感神経系が働いて、心拍数が下がり消化器系の働きが良好になります。そうすると実際に心に余裕が生まれて、良いアイディアや解決策が浮かびやすくなります。

時間に余裕があるフリをした結果、もし部下が話しかけてきたら、部下との距離を縮めるチャンスが来たと思いましょう。そして、部下に椅子を勧めたり別室に誘ったりして、「あなたの話をじっくり聴きたい」というメッセージを送りましょう。

スキル❸笑顔を見せる

普段、自分が職場でどんな表情をしているか意識したことがあるでしょうか。

表情は、自分の周りにいる人に、自分の感情状態を知らせるシグナルですから、上司は、立場上、厳しい顔をしていることが多いと思います。しかし、できるだけ笑顔を部下に見せてはどうでしょうか。笑顔を見せれば、部下は上司に話しかけやすくなったり、本音を話しやすくなったりするでしょう。

スキル②の「時間に余裕があるフリをする」と同じく、たとえ作り笑顔でもかまいません。作り笑いであっても、表情筋が笑顔のときの動きをすると、実際に気分が快適になってくることは、顔面フィードバック仮説として以前から知られています。この顔面フィードバック仮説を検証する実験では、実験参加者に、ボールペンを口に真横にくわえてもらい、上下の唇がペンに触れないようにしてもらいます。つまり実験参加者当人は、自分が笑顔を作っているという自覚がないのですが、それでも顔面フィードバック効果は生まれます。作り笑顔でも心と体に良い影響を与えるのです。

しかも笑顔は伝染します。笑顔を見ていると、笑顔を見ている人の表情筋も緩むことが実験で確認されています。試しに、インターネットで笑顔の画像を探して、その笑顔を数分間じっと眺めてみてください。まったく知らない他人の笑顔であっても、しばらくすると、見ているこちらの頬のあたりや唇の両脇あたりの筋肉が緩んでくるのを感じることができるでしょう。ですから、上司が笑顔でいることが多くなれば、笑顔は部下に伝染し、部下も笑顔になります。一人の部下の笑顔は、ほかの部下の笑顔を誘います。職場の笑顔は、目標達成の力になります。

なお、ある会社が「笑顔度測定技術」を開発しています。この技術を使えば、自分の表情が何パーセントの笑顔になっているかを測定することができるようです。

スキル❹怒りは口に出さない

上司の中には、部下の許し難い態度や、部下からの批判めいた言葉に怒りを覚えて、怒りを爆発させてしまう人がいます。自分の期待通りに部下が動かなかったり、部下から批判めいたことを言われたりして、怒りを覚えるのは当然のことです。しかし、怒りを爆発させて、下品で乱暴な言葉や相手の人格を傷つけるような言葉を口にするのは、何としても抑えなければなりません。「怒りをあらわにすることは男らしい」などと思ったら大間違いです。それは自分のみっともない姿をさらしているだけです。

怒りを口に出して部下にぶつけてしまうと、部下との信頼関係を台無しにしてしまいます。目の前の部下だけでなく、それを見ているほかの部下がいれば、ほかの部下との信頼関係にも悪影響を及ぼします。怒りを爆発させたあとでは、上司がどんなにまともなことを口にしても、その言葉は、部下達に素直に届きません。

大脳生理学の観点から考えても、怒りそのものは感じないようにすることはできませんが、怒りの爆発は抑えられますし、怒りを口に出さないようにすることもできます。そのために次のことを実行してみましょう。

(1)口を閉じて、数字を十まで数える

怒りは、口をついて出ます。口から出た怒りの言葉は、相手ばかりか自分自身も興奮させ、さらに怒りを呼びます。これを防ぐために、口をしっかり閉じます。そのあと頭の中で、数字をゆっくり十まで数えましょう。

〝十まで〟に特別な意味はなく、数字を数えて意識をそらすことに意味があります。この行為は大脳生理学的には、怒りを感じている脳（大脳辺縁系）に対して、合理的で分析的な判断をする脳（大脳新皮質）が働きかける時間を稼ぐことになります。

もう少し丁寧に説明すると、怒りは、脳の中でも大脳辺縁系と呼ばれている部分が

反応して起こると言われています。大脳辺縁系は、呼吸や内臓などの自律的な生命活動にも関わっています。そのため素早く反応します。これに対して、合理的な思考や言語などの高次の働きを担っているのが大脳新皮質です。大脳新皮質の反応速度は、大脳辺縁系に比べて遅いと言われています。つまり、怒りは素早く生じるのに、その怒りを抑えるべき理性的な判断は、あとからやってくるのです。そこで、怒りを感じたときに、数を数えて大脳新皮質を働かせると同時に、大脳新皮質が理性的な判断をしてくれるまでの時間を稼ごうというわけです。

なお、「口を閉じて数字を十まで数えろ」と命令するのも大脳新皮質ですから、このように自分に言えた段階で、怒りの爆発のコントロールは半分以上、成功したことになります。そして実際に十まで数えることができれば、さらに大脳新皮質が働いて、怒りの爆発は抑制できます。

(2)深呼吸をする

深呼吸は、鼻からゆっくり十分に息を吸い、口からゆっくり吐き出す呼吸です。

怒りは自律神経のうち交感神経系を興奮させて、呼吸の回数を増やし、浅い呼吸に変えます。そこで、深呼吸によって呼吸を意志的に深く規則的に行うことで、交感神経系と拮抗して作用をする副交感神経系の活動を促します。副交感神経系は、心拍数を低下させ、内臓の働きを活発にし、興奮を抑える働きをします。つまり深呼吸には怒りの興奮を静める力があるのです。

(3)自己会話をする

怒りは、複雑で理性的な判断ができない状態を引き起こします。怒りに伴い、頭の中には部下のことを批判する言葉が渦巻きます。そこで、自己会話の鎮静効果を狙って「落ち着け」などと頭の中で繰り返し、頭に渦巻いている否定的な言葉（思考）を抑え込みます。また、コーチ効果を狙って「深呼吸しろ」と自分に指示を出します。いずれの自己会話も、理性的な判断ができるまでの時間稼ぎの効果もあります。

すでに述べたように、怒りは素早く生じます。ですから、怒りを覚えたときに言う自己会話のセリフは、あらかじめ決めておくことが肝心です。そうでないと、いざというときに間に合いません。また、素早く実行するためには、以上の(1)から(3)までを順番に実行するよりも、これらを組み合わせて、「いーち、落ち着け」「にー、落ち着け」「さーん、落ち着け」などと、深呼吸の数を十まで数えながら自己会話を実行するほうが実戦的です。

これらを実行すると、怒りの場面で上司は、黙り込むことになります。怒りを感じたら黙り込むこと、これが大切です。

ただし、表情は平静を保つ必要はありません。怒りをこらえる表情でも、悔しそうな表情でも、苦しそうな表情でも、悲しそうな表情でもかまいません。感情のままの表情をしましょう。黙り込みとその表情が、「私は今、怒りを感じている。それを抑えようと努めている」というメッセージを相手に伝えます。

以上のことが実行できれば、衝動的な怒りの爆発を抑えることはできます。ただし、怒りそのものは内側にくすぶり続けているかもしれません。持続している怒りを弱めるためには、部下の行為について、別の理由を考えるのが効果的です。

怒りは、部下がとった行為について、最初に思いついた理由が引き起こしています。たとえば、期限を厳守するよう命じておいたのに書類の提出が遅れた部下がいるとします。この部下の行為ついて最初に思いつく理由は、「あれほど期限を守るように言ったのに守らないなんて、私のことを軽く見ている」「こいつは、いい加減な奴だ」など、自分の立場からみた相手のマイナス面です。このような理由が怒りを生み、この理由を考えれば考えるほど悪いのは相手であり、「自分が怒るのはもっともだ」と思えてきます。そこで、同じ事態を相手の立場から考え直して、最初に思いついたのとは違った理由を意志的に考えてみます。「丁寧に書類を作ろうとして遅くなったのかもしれない」「体の調子を崩して仕事ができなかったのかもしれない」などの別の理由が考えつけば、その理由が本当であろうとなかろうと、怒りは弱まってきます。

なお、部下に怒りを爆発させてしまったら、日を改めて部下に謝りましょう。謝るのは、当日よりも、少なくとも翌日まで時間を空けたほうが良いでしょう。当日ですと、自分も相手も、再度、怒りのモードに入ってしまう恐れがあるからです。一日空ければ、自分も相手も冷静になれるでしょう。具体的な謝り方については、次のスキル⑤で取り上げます。

スキル❺部下に謝る

私たちは日常的に「すみません」とか「申し訳ありません」などと謝罪の言葉をよく口にしますが、謝罪には二つの種類があります。

一つは、相手が何かをするために労力や時間やお金などのコストを支払ってくれたことに対する謝罪です。このときの謝罪は、「あなたにコストを支払わせてしまって、すみません」という意味を伝えるのが基本です。この謝罪の力点は、相手のコストです。

このタイプの謝罪は、上司であっても部下に対して「ごめんね、こんなことまでさせてしまって」などと気軽に言えます。このような謝罪は、感謝の意味も含んでいるからです。

もう一つの謝罪は、自分の不適切な行為によって相手を身体的または精神的に傷つけたり、相手に実害を及ぼしたりしたことに対する謝罪で、自分の非を認める場合です。このときの謝罪は、「私がこんなことをしてしまって、すみません」という意味を伝えるのが基本です。この謝罪の力点は、自分の行為です。

このタイプの謝罪は、友人関係や恋人同士、あるいは親子関係などの関係でも口にするのに勇気が要ります。自分の非を認めることになるので、プライドが傷ついたり、気恥ずかしかったりするからです。職場の上司と部下には上下関係がありますから、上司が部下に、このタイプの謝罪を口にすることは、めったにないのではないでしょうか。

しかし、当然、上司も間違いを犯すことがありますし、スキル⑤で取り上げたように、怒りを爆発させて部下の人格を傷つけるようなことを言ってしまうこともあるでしょうから、本当は部下に自分の非を認める謝罪をしなければならない場面もあるはずです。それなのに、上司という立場にあぐらをかいて、謝るべきときに謝らないのでは、部下との間に信頼関係を築くことはできません。

部下との関係で、自分に非があると思ったときは、謝罪の言葉を発しましょう。部下に謝るという行為は、大変な勇気が要ります。だからこそ、これが実行できると、いったん悪くなりかけた部下との関係が、かえってしっかりした関係になります。

謝罪の言葉の組立てには、次の二つの要素が入っている必要があります。一つは、「明白な謝罪の言葉」です。謝罪の言葉は「すみませんでした」でも「申し訳なかった」でも、あるいは部下との心理的な距離によっては「ごめんね」でもかまいませんが、謝罪の言葉であることがはっきりしていることがポイントです。もう一つの要素は「自分の非を認める言葉」です。「私が悪かった」「私が言い過ぎました」「私の責任です」など、生じてしまったマズイ出来事の原因が自分にあることを明言することです。

非言語的な要素である身振り手振りや表情は、謝罪にふさわしいものであることは言うまでもありませんが、とくに表情に注意してください。部下に対する謝罪であるために、傷つきそうなプライドを保とうとしたり、気恥ずかしさをごまかそうとしたりして、薄笑いを浮かべることがないようにしましょう。

なお、謝罪の言葉のあとに、相手の赦しを請う言葉（「おゆるしください」など）を付けることを奨励するテキストもありますが、本書は、謝罪の言葉の要素の中に、赦しを請う言葉を組み入れない立場に立ちます。それは、謝罪と赦しを請うことは別の行為だと考えるからです。つまり、謝罪は、自分の非を認めることであり、それを赦すか赦さないかを判断するのは相手であり、相手が下すべき判断をこちらから請うのは、謝罪の範囲を超えてしまうからです。

スキル❻気軽に誉める

リーダーシップを取り上げたビジネス書では、必ずと言っていいほど、誉めることと叱ることを取り上げています。その理由はまず、誉めることと叱ることは、部下をコントロールする方法の中で、コストがかからないにも関わらず大きな効果を生む方法だからです。言葉ひとつで部下がコントロールできるのですから。

もう一つの理由は、誉めることも叱ることも下手な上司が、相変わらず多いからではないでしょうか。

上司としては、まず、誉めることも叱ることも、部下に対するフィードバックであることに気づく必要があります。部下は上司から誉められたり叱られたりすることで、自分の判断や行動が適切だったかどうか、修正が必要か、方向転換すべきか、どちらに向かって歩くべきか知ることができます。

誉めることも叱ることもフィードバックという点では同じですが、叱ることは誉めることに比べて情報量が不足しています。叱れば、何かがマズイことは伝えられますが、どうすべきであるかという情報は伝えられません。たとえば、部下が提出した書類について、「どうして、こんな書類しか書けないんだ！」と叱っただけでは、部下はどうしたらよいのか分かりません。叱るときには、今後どうすべきであるかという情報を付け加える必要があります。「もっと短く書け」とか「箇条書きにしなさい」などと、具体的な指示を加えると、叱ることで部下を導くことができます。

部下は、叱られると不満や怒り、不安あるいは恐怖を感じます。この不快感情は、上司や仕事にも波及して、上司や仕事が嫌いになります。もし「おまえはアホか！」

などと人格を否定するような叱り方をすれば、部下は怒りや反抗心を感じるか、あるいは、やる気も自信も消え失せてしまうか、いずれにしても不快感情しか残りません。部下は、叱られるのが不快であるがゆえに、叱られること自体を避けようとします。口うるさい上司から逃げ出すことに汲々としたり、責任転嫁で済ませたりしようとします。そうなると部下の仕事のやり方は、叱責を避けることを目的とした、消極的で無難なものになってしまいます。

叱責は、よほどうまくやらない限り、部下のモチベーションを高められません。「叱れば部下は発奮して、いい仕事をする」と思うのは、叱る側の一方的な幻想に過ぎません。叱って部下との関係が良くなることもあり得ません。

これに対して、部下を誉めれば、部下は安心感や満足感を覚えます。この快感情は、誉めてくれた上司にも、誉められた仕事にも波及します。上司や仕事が好きになります。人間は、快を求めて不快を避けようとしますから、賞賛されれば、またそれを得たいと思います。つまり、部下は仕事にやる気を出します。

部下がマズイことをしたらすぐに叱るのに、良い仕事をしても当たり前だと思って、何も言わないで済ませてしまうことはないでしょうか。逆でなければなりません。部下がマズイことをしても叱責はできるだけ先延ばしにして、部下が良い仕事をしたら、すかさず誉めることです。誉めることは部下のモチベーションを高める働きをします。

以下に、誉めるときの具体的なポイントをあげておきます。

第一に、誉める理由を具体的に伝えることです。誉めるときに、歯の浮くようなことを言う必要はありませんが、言われたほうが、誉め言葉を素直に受け止められるような言葉でなければなりません。そのためには、具体的な事実をあげることです。

フィードバックという観点でみると、誉めることは「そのやり方で良い」という情報を含んでいますから、叱責のように、「どうすべきか」という情報を付け加える必要がありません。その代わりに、誉める理由や根拠となっている事実を具体的にあげましょう。「この書類は短いのがいい」とか「箇条書きになっている点がいい」などと、どこが良いのかを具体的に伝えるのです。

第二に、表情や身振り手振りも使い、感情を込めて誉めることです。表情が伴っていないと、せっかくの誉め言葉が皮肉だと誤解されてしまいます。ニコニコしながら言いましょう。たとえば書類の書き方を誉めるのなら、その書類を手に持って誉めましょう。部下が達成した成果を誉めるなら、部下の肩などをポンとたたきながら誉めましょう。部下があげた成果について「私もうれしい」とか「これからが楽しみだ」などと、上司としての感情を表す言葉を口にすることができれば、さらに効果的です。

第三に、誉めるときは誉めることに徹することです。上司の中にはときおり、誉めながら、つい余分な一言や皮肉を言ってしまう人がいます。「この企画はいいよ。君もようやくこのレベルになったね」「すごいね、こんなに頑張るなんて。あしたは雨かな」などと。誉めるときは誉める言葉以外は言わないことです。もし、部下の仕事ぶりに驚いた気持ちがあるならば、「あした雨かな」などと皮肉に聞こえるような言い方をせずに、「すごいね、こんなに頑張るなんて、正直言うと驚いたよ」と、自分の素直な感想を口にするようにしましょう。また、誉めること以外で、どうしても何か言いたいことがあるのなら、別の機会を設けて、そこで言うようにしましょう。

第四に、部下の変化を誉めることです。部下が一定の成果をあげたときに誉めるのはもちろんのことですが、たとえ成果をあげられなくても、以前と比べて部下が良い方向に少しでも変化していたら、その点を誉めるのです。「前より、いいよ」などという簡単なひと言でも部下を励ますことができます。

誉め上手の上司になるには、日頃から、ささいなことでも「これ、いいじゃない」

などと気軽に部下に言うクセをつけることです。部下を誉めることは、上司の重要な仕事です。仕事の一部だと思って部下を気軽に誉めましょう。

スキル❼感謝の言葉を言う

スキル⑥の「気軽に誉める」と一緒に実行することを奨めたいスキルが、「感謝の言葉を言う」です。

上司が部下に「感謝の言葉を言う」ことを奨めると、中には「職場で、部下が自らの役割をまっとうするのは当然の義務であり、それに対して給料が支払われている。上司がなぜ部下に感謝しなければならないのか?」と反論する、あるいは疑問を呈する上司がいます。

この反論は一理ありますが、部下のモチベーションの面から考えると、「給料を支払っているのだから、上司が部下に感謝する必要はない」とは言えなくなります。給料は、部下のモチベーションを下げない働きをしますが、必ずしもモチベーションを上げる働きをしません。なぜなら、給料は、多くの場合、各人が望む額よりも低いからです。そのため、たいていの人は、「こんなに給料をもらっているのだから、もっと頑張ろう」と思うのではなく、「給料をもらっているのだから、その分の仕事はしよう」と考えて、給料をモチベーションの下支えにしています。

このような部下のモチベーションを引き上げるのが、上司の仕事です。給料だけでは引き上げられない部下のモチベーションを、上司が部下に働きかけて、引き上げてあげるのです。

部下のモチベーションの面から考えると、この章ですでにあげたスキルのうち、スキル④「怒りは口に出さない」、スキル⑤「部下に謝る」は、部下のモチベーションを下げないためのスキルです。一方スキル⑥「気軽に誉める」は、部下のモチベーションを引き上げるのにも役立つスキルです。そして、ここで紹介するスキルも、部下のモチベーションを引き上げるのに役立つのです。

さて、ここで取り上げるスキルが、「感謝する」ではなく「感謝の言葉を言う」である点に注目してください。たとえ上司として部下に感謝していても、それを口に出さなければ部下には感謝の思いが伝わりません。感謝の思いを部下に伝えるために、感謝の言葉を口に出しましょう。もっとも簡単な感謝の言葉は「ありがとう」です。「ありがとう」を口にする機会はたくさんあります。たとえば、スキル①でも言及した報・連・相を部下から受けたときに、単に「分かった」と言うだけでなく、「報告をしてくれてありがとう」とか「連絡をしてくれてありがとう」と言うことができます。「お礼を言う」という意識よりも、部下が肯定的な行為をしたことに対して「いいね」と誉めたあとに、「ありがとう」と言い添えるつもりで気軽に言ってみましょう。部署や課などが組織全体として一定の成果をあげたときも、「みなさん、ありがとう、お陰で目標が達成できました」などと言うことができます。

感謝の言葉は、すでに述べたように部下のモチベーションを引き上げます。部下は、感謝されると、自分の行為が上司から評価されたと知ってうれしくなります。この喜びの感情が、感謝された行為をさらに繰り返そうと動機づけるのです。

感謝の言葉の効果はそれだけではありません。感謝に関する心理学の研究によれば、感謝の言葉は、その言葉を発した当人のモチベーションも引き上げます。つまり、感謝の言葉を口にすると、部下に対して細やかで温かい配慮をしようという意欲が高まり、上司としての仕事に対する意欲も高まるのです。なぜならば、感謝の言葉に対する部下の肯定的な反応を見ると上司もうれしくなり、この喜びの感情が「部下にもっと配慮してあげよう」という意欲を高めるからです。

感謝の言葉は、部下をやる気にさせ、それを口にする上司自身もやる気にさせるのです。気軽に「ありがとう」と口に出しましょう。

スキル❽自分の言動をモニターする

上司は、自分の思いを部下に伝えるのに言葉を使いますが、部下は上司の言葉だけで上司の思いを判断しているのではありません。

たとえば、上司が部下に向かって口では「あなたの意見も尊重したい」と言いながら、右足を貧乏揺すりしていたり、部下の目を見ていなかったりすれば、部下は上司の本音を疑います。上司の表情や身振り手振りなどは、ときには言葉以上に、上司の内面を部下に伝えます。それにも関わらず上司は無意識に、あるいは無防備に表情や身振り手振りを使っています。

表情や身振り手振りの使い方については、2章の「思いを受け容れる傾聴スキル」のスキル④「体を使って聴く」や、3章の「思いを伝えるアサーション・スキル」のスキル⑥「体を使って伝える」、5章の「チーム力を高める話し合いスキル」のスキル①「体を使って関心があることを示す」で、すでに説明してきましたが、これらの

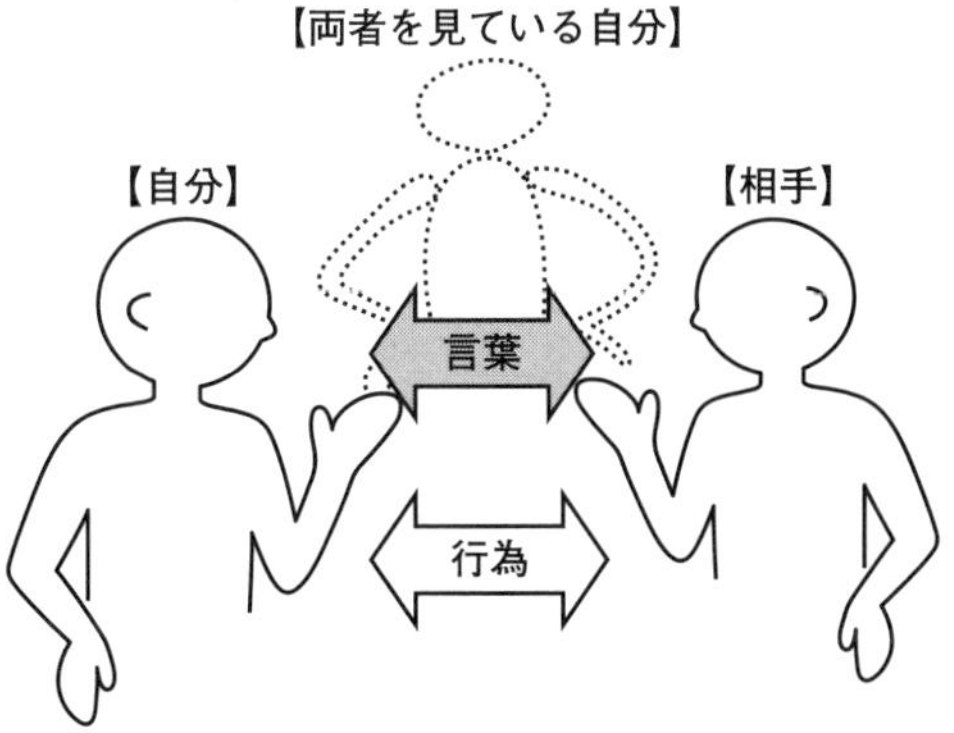

図6　モニターしている状態

スキルを適切に実行するには、自分が今どのような表情をしていて、どのような身振り手振りをしているかを、自分で意識できなくてはなりません。つまり、ほかの人の表情や動作を観るように、〝外から〟自分の表情や動作を観ることが要求されるのです。

自分の表情や動作を外から観るスキルのことを、モニタリング・スキルと言います。このスキルは、誰かと対面しているときに、〝もう一人の自分〟が、自分と相手の対面状況を、外から眺めている様子をイメージすると実行できます。具体的には、図6に示すように、少し高い中空から自分と相手を見下ろしている自分を思い浮かべるとよいでしょう。研究者の中には、自分と相手が舞台の上にいて、その様子を観客として観ている自分を思い浮かべるとよい、と主張する者もいます。いずれのイメージ法でもかまいませんが、〝もう一人の自分〟を具体的に、頭の中に思い浮かべることがポイントです。

〝外から〟観ている自分を思い浮かべたら、その自分に「身振りをモニターしろ」と言わせます。この言葉は、この本でこれまで説明してきた用語で言えば、自己会話のことです。自己会話でこう言ってから、自分の体の各部分に注意を向けます。注意を向けてモニターすべき体の各部分は、表2に示す通りです。

部下との距離を縮めるには、表2の「モニターすべき内容」に書かれていることを、自分に尋ねたり、自分に指示を出したりします。たとえば異性の部下と話しているときに「部下との距離は近すぎないか」と自分に尋ねたり、「もっと部下の目を見ろ」などと自分に指示を出したりするのです。

このように、自分の表情や身振り手振りについてモニターすると同時に、できれば、外から観ているイメージの自分に「言葉をモニターしろ」と言わせ、自分が使っている言葉に意識を向けます。意識を向けてモニターすべき内容は、「相手に分かる言葉を使っているか」「言葉の丁寧さのレベルは相手に合っているか」などの表面的なこ

表2　モニターすべき体の各部分（相川，2008）

体の各部分	モニターすべき内容
動　き	相手に近づいているか
距　離	相手に近すぎないか／相手から遠すぎないか
位　置	相手の正面にいるか／相手の斜め前にいるか
体の向き	相手に向いているか
顔の高さ	相手と同じか／相手よりも低いか
姿　勢	前傾姿勢か／後傾姿勢になっていないか
表　情	話の内容とマッチしているか／無表情ではないか
視　線	相手を見ているか／相手を見過ぎていないか
うなずき	うなずいているか
手や指の動き	腕を組んでいないか／小物をいじるなどしていないか
タッチング	適度にタッチしているか／過度にタッチしていないか
足や脚の動き	貧乏揺すりをしていないか
準言語	
声の高さ	安定しているか／声が裏返っていないか
声の大きさ	大きくないか／小さくないか
話す速さ	早口になっていないか／遅くないか
沈黙，間	適度に間を取っているか／反応が早すぎないか

とから、「話の論理は通っているか」「何のためにこの相手と話をしているのか思い出せ」など、話の論理や目的などに関するものまでを含みます。何をモニターするかは、自分の普段の話し方の癖や特徴によります。部下との距離を縮めるという目的を達成する方向で、自分の癖や特徴を修正するようモニターします。

目の前の部下に対応しながら、〝もう一人の自分〟をイメージして、その自分にモニターすべき内容を質問させたり指示を出させたりすることは、現実味のない話に聞こえるかもしれません。しかし、たとえばプロ・スポーツの選手で、イメージ・トレーニングによってこれを上手に実行している例が報告されています。ビジネスパーソンでも実行できないことではなく、トレーニング次第で、できるようになります。部下と対面するときに、常に〝もう一人の自分〟をイメージするように習慣づけてください。やがて自分と部下との間にいる〝もう一人の自分〟をはっきりと意識できるようになります。最初はうまくできなくても諦めずに、繰返し実行してみましょう。

モニタリング・スキルは、部下との対応だけではなく、顧客との対応や、友人や恋人との対応でも使えます。〝もう一人の自分〟は、さまざまな対人場面で繰返しイメージするほど、容易に、鮮明にイメージできるようになります。

7章　自律した部下を育てるスキル

7-1 素直な部下は上司の足かせ

日本のかつての会社は、終身雇用を採用し、これを前提にして賃金や人事は、勤続年数や年齢が増すにつれて上昇する年功序列を採用していました。このような時代には、会社が時間をかけて各組織に適合する人材を作り上げていましたから、上司が特別、力を入れて部下を育てる必要はありませんでした。部下も、組織や上司に素直に従っていればこと足りていました。

しかし、一九九一年あたりのバブル崩壊後からは、転職が一般的になり、成果主義の賃金制度が導入されて、会社組織は流動化しました。会社が組織的に人材育成を行うことは難しくなり、また、そのような余裕もなくなっていきました。これに伴い、現場の上司に、部下を育てることが求められるようになりました。上司は、部下に仕事をさせるだけでなく、組織を担う人材として、部下を育てる課題も負うようになっているのです。

ところが職場には、朝から晩まで、やらなければならないこと、片づけなければならないことが次々に押し寄せてきます。上司として、それらに対応することに忙殺されながら、ぼんやりしている部下や実力のない部下とも接していかなければなりません。そのため、上司は、つい部下にあれこれ指示を出し、急かしたり命令したりします。言うことを聞かない部下がいれば叱ったり説教したりします。

このような「指示」「命令」「非難」「説教」「叱責」は、3章で紹介した「あなたメッセージ」です。「あなたメッセージ」は、上司が時間を節約しながら部下たちを意のままに動かすのに有効です。ただし、多用すると、長期的には時間節約の効果はなくなります。命令や指示ばかりを出していると、部下たちは、ことあるごとに上司の指示を仰ごうとし、そのたびに上司は、指示や命令を出さなくてはならないからです。また、指示や命令を出して部下を動かすのであれば、部下がその指示や命令通りに動いているかを監視し続けなければならないからです。

部下の立場からすると、上司から「あなたメッセージ」で指示や命令を出され続けていると、部下は、上司の指示を待つようになり、非難や叱責の多い上司のもとでは、上司の顔色をうかがうようになります。部下たちは自分で考え、自分で実行しようとしなくなります。また、失敗しても、それに対する責任を感じなくなります。なにしろ、上司に言われた通りに動いて失敗したのですから、その責任は、指示や命令を出した上司にあると考えるからです。

結局、上司が「あなたメッセージ」で部下を動かし続けていると、素直ではあるが受動的に指示を待つ無責任な部下が育ってしまうのです。このような部下は、上司にとっても組織にとっても足かせになり、上司が、あるいは組織が飛躍しようとするときの妨げになります。

7-2 コーチングの発想で自律した部下を育てる

職場で役立つのは、自律した部下です。ここで言う〝自律〟とは、自ら考えて仕事に取り組み、何か問題に出くわしたときには自分で解決策を考え出し、その解決策を実行することです。上司の仕事は、部下がこのような自律する能力を獲得して、上司を支え、組織を担う人材に育てることです。

自律した部下を育てるには、部下に考えさせる機会をできるだけたくさん与える必要があります。考える機会をたくさん与えれば、自ら考えることが習慣となるからです。

では、部下に考える機会をたくさん与えるにはどうしたらよいでしょうか。

コーチング（coaching）の発想が使えます。コーチングは、もともと認知行動療法の一つの技法として使われていましたが、一九八〇年代にアメリカのビジネス界で注目を浴びるようになりました（ハドソン　一九九九）。一九九〇年代には我が国のビジネス界でも知られるようになり、コーチングを教える組織や会社が日本にもいくつかできて、具体的な実践法が体系的に教えられるようになっています。

コーチングを教える組織や会社によって、コーチングの細部についての考え方や強調点は異なりますが、コーチングの基本的な発想は、「人が抱えている問題の答は、当人自身がもっていて、当人には問題を解決する能力がある」という前提に立つことにあります。この前提に立つので、上司が部下にコーチングを実施するときの基本作

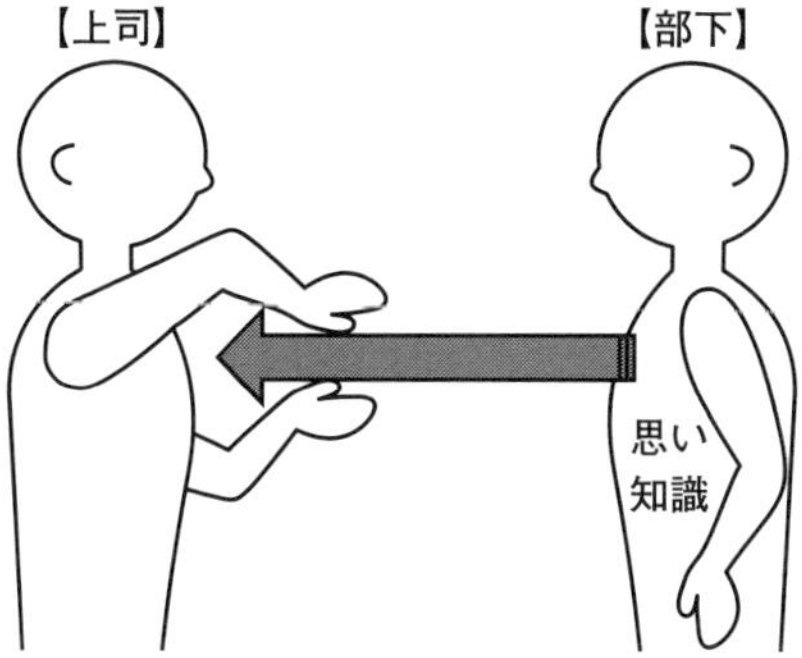

図７　コーチング＝引き出す

業は〝引き出す〟ということになります。上司は部下たちに比べれば、一般には、能力が高く知識も豊富ですから、未熟な部下たちに「あなたメッセージ」を使って、あれこれ指示や命令を出し、いろいろなことを教えたくなります。しかしこれらは〝与える〟行為です。与えていたのでは、すでに述べたように、部下は自分で考える機会をもつことができません。自律した部下を育てるには、図**7**に示すように、与えるのではなく、〝引き出す〟のです。上司は、部下の自発的な考えや行動を〝引き出す〟ために部下に働きかけ、問題解決に向かって部下と〝一緒に歩む人〟としての役割をとります。

7-3 部下の自律を促す会話スキル

コーチングは、大きな体系をもっていて、その中に数多くの技法やスキルを含んでいますので、それらをすべて紹介することはできません。ここでは、自律した部下を育てるために上司が実行すべき会話スキルに限定して述べます。

コーチングの会話スキルの基本は、部下に答を与える代わりに、機会あるごとに部下に質問を投げかけることです。質問を投げかけられると、部下は答を出そうとして考え始めます。質問を投げかけられると答を出そうと考え始めるのは、いわば人間の脳のクセです。

たとえば上司から、「納期に間に合わせるために、作業工程のこの部分はカットしよう」と言われれば、部下の脳は、受動的にこの情報を受け取るだけの動きしかしません。ところが、「納期に間に合わせるためには、どうしたらいいと思う?」と言われれば、部下の脳は、答を求める思考モードに切り替わり、考え始めます。部下の脳を自発的な思考モードに切り替えるために、次々と質問を繰り出しましょう。

ただし、部下に向かって、むやみに質問を浴びせかければよいというものではありません。おのずとそこには一定のスキルが要求されます。

スキル❶話を促すために質問をする

自律した部下を育てるには、部下にできるだけ話をさせます。部下と対面したときには、上司はできるだけ聴き手に回ります。〝聴き手に回る〟、これがコーチングの基本的な態度です。

上司が聴き手になり、部下に話すよう促すために、2章の「思いを受け容れる傾聴スキル」をフルに活用します。つまり、まずスキル①「話すきっかけを与える」で紹介した「開いた質問」を使って、部下が話を始めるきっかけを与えます。具体的には、「佐々木産業との契約はどうなっている？」とか「その仕事は、いつまでに終わると思う？」などと、「開いた質問」をすることで、部下が話を始めることを促します。

部下が話し始めたら、2章の傾聴スキル②「『とにかく聴こう』と自分に言い聞かせる」以降、「反射させながら聴く」「体を使って聴く」「話し手の身振り手振りを観る」「話題に関連した質問をする」そしてスキル⑦「共感の言葉を発する」まで、すべてを使って、聴き手に徹しましょう。

部下の話が要領を得ないときには「それは、いつのこと?」「あなたがきのう会ったのは、山口技研の誰だったの?」「なぜ無理なのか、そこをもっと説明してくれない?」と「焦点を絞った質問」をします。

これ以降に述べるスキルは、2章の「思いを受け容れる傾聴スキル」が実行できていることが前提です。聴くスキルを実行しないままに、上司がこのあと述べるような質問を多発すると、部下は上司から詰問されているように感じます。

スキル❷問題点を絞るために質問をする

部下が何か問題を抱えて上司の前にやってくることがあります。たとえば部下が顔色を変えて「面倒なことが起こりました。立花食品から、来月の納品が遅れるかもしれないと連絡がはいりました」と報告にやってきたとします。このひと言を聞いただけで、これまでの経験から上司としては、立花食品で何が起こっているのか、何が問題なのか推測できるかもしれません。〝できる上司〟であろうとして、「よし、分かった。では立花食品の分は、ヤマト食品に追加の注文を出して対処してください」と、指示を出すこともできるかもしれません。しかし、上司が一人で判断して指示を出したのでは、部下は自発的にこの問題を考えようとはしません。また、上司が推測した問題点は、部下が考えている問題点とは違っているかもしれません。

そこで、何が解決すべき問題か即断せずに、部下に質問をしてみるのです。「立花食品から、来月の納品が遅れるかもしれないと言ってきたと言うけれど、何が問題なの?」とか「何が問題だと思う?」などと尋ねるのです。納品が遅れることが問題なのか、立花食品が言ってきたことが問題なのか、来月の遅れが問題なのか、いずれにしても、何が問題であるのか、上司としてたとえ分かっていても、部下に考えさせるために質問します。質問を発すると、解決すべき問題点を部下に考えさせることができ、部下と一緒に問題に取り組むきっかけになります。質問に答えさせることによって、問題に対する部下のモチベーションを高めることもできます。

問題点を絞るための質問のポイントは、複数の問題や複数の要素が混じって混沌としている話を、一つひとつ、個別の問題点に分けるように質問をすることです。ここでの例で言えば、たとえば「立花食品が遅れると言っているのが問題なの?」と尋ねたり、「来月の納品が遅れるのが問題なの?」と尋ねたりして、複数の問題を構成している一つの要素だけを取り上げて質問してみるのです。こうすることで、最初に解決すべき問題点が何であるかをはっきりさせることができます。

なお、このスキル②以降、次のスキル③からスキル⑬までは、5章で紹介した「問題解決の基本ステップ」（5章の図5）に即しています。つまり、問題解決の基本ステップである「問題点の明確化」「解決策の案出」「解決策の決定と実行の確認」を経て、解決策の実行のあとの「成果の確認」に至るという四つのステップを踏むために、このスキル②からスキル⑬までは実行されます。

スキル❸柔らかな思考を促すために質問をする

部下に考えさせる。これがコーチングのめざすところですが、経験や知識が乏しい部下は、自分の経験や知識にとらわれた思考をする傾向にあります。いや、私たちは一般に、自分の経験や知識を基準にしてものごとを判断し思考する傾向があります。このような、過去の経験や既存の知識にとらわれた〝固い〟思考では、問題の解決策や良いアイディアは思い浮かびません。固まってしまっている部下の思考を柔らかくするために、次のような質問をしてあげます。

(1)制限や理性的判断を外す質問

現実の制限や理性的な判断にとらわれすぎていると、柔らかな思考はできません。そこで、制限や理性的判断を外す質問をしてあげます。

たとえば「経費は、いくらでも使っていいとしたら何ができる?」「締切りが来週じゃなくて、今年いっぱいだとしたら、ほかにもやれることがあるんじゃないかな?」などと言います。

(2)立場や視点を替えさせる質問

部下は、部下という立場で、ものを考えます。その立場や視点が、固い思考を生んでいることがあります。そこで、部下の立場や視点を替えさせる質問をしてあげます。

たとえば「君が上司だったらどうすると思う?」「我が社が松本商事で、松本商事が我が社だったら、どうなっていると思う?」「我が社のこのシンボルマークは、私たちのことをどう見ているだろうか?」などです。

(3)時間と空間を変える質問

時間を変えたり、空間を変えたりするような質問をして、柔らかな思考を促すこともできます。

たとえば「きょうが、まだ、先週の月曜だったら何をしているだろう?」「明日が永遠にやってこないとしたら、何をすべきだろうか?」「来年の今頃の君なら、今の君にどんなアドバイスをすると思う?」「ここがイギリスだとしたら、どうしてると思う?」「この職場が真っ暗な暗闇の世界だったら、何ができるだろうか?」などです。

右にあげたような質問をして、柔らかな思考を促せば、解決策や良いアイディアが数多く思い浮かびやすくなります。数多くの解決策を考えつくほど、効果的な解決策やアイディアが生まれる確率も増します。

部下の中には、せっかく思い浮かんだ解決策やアイディアを「こんな考えは、どうせ実行できない」などと、自ら却下してしまう者もいます。これを防ぐために、部下の考えを促すとき、まずは数の多さを優先させ(5章で述べた「数の原理」)、考えた内容の質的な判断は後回しにすることを(5章で述べた「判断延期の原理」)明言するとよいでしょう。たとえば「本当に実行できるかどうかとか、こんなことは許されないんじゃないかとか、つまらない案だとか、そういったことはあとから考えることにして、今はとにかくできるだけ多くの解決策を考えてみよう。たくさん考えつけば、それだけいい考えが思いつく可能性も増えるから」などと言います。

スキル❹長所に気づかせる質問をする

自分の意見を言うのに慣れていない部下や引っ込み思案の部下に対しては、当人の長所や強みに気づかせるような質問をしてあげます。たとえば「木村君の強みは何かな？」「どんなクライアントなら井上さんは自分の長所を発揮できると思う？」「自分だったらもっとうまくやれるのにと思うときってない？　それはどんなときかな？」などです。

部下に、自分の長所を気づかせる質問をする一方で、部下の短所や弱点を面と向かって言ってしまっては台無しです。部下の短所や弱点を部下に直接言うことは、原則的には控えるべきです。とくに部下の特性や能力、やる気を全面否定するような言葉は使ってはいけません。たとえば「君はいつも書類の提出が遅れるね」「斉藤さんは全然やる気がないみたいだね」「清水君は何をやってもダメだな」などの、「いつも」「全然」「何をやっても」などが全面否定の言葉です。上司が、これらの言葉を単なる強調のつもりで使ったとしても、言われた部下にしてみると全面的に否定的な評価を与えられたように感じてしまいます。部下は落ち込むか、やる気を失うか、怒りを覚えるか、いずれにしても部下に肯定的な作用を及ぼしません。

どうしても否定的な評価を口にしなければならないときは、全面否定する言葉を付けないか（「書類の提出が遅れたね」とだけ言う）、限定的、一時的な否定の言葉を使いましょう。先の例で言えば「斉藤さんは今回はやる気がないみたいだね」「清水君、このやりかたはダメだな」などという言い方になります。

このような言い方は、全面否定にならないだけでなく、このあとにコーチングを意図した質問を付け加えることができるところに特徴があります。たとえば「書類の提出が遅れたね。どうしてだろう?」「斉藤さんは今回はやる気がないみたいだね。何かあったの?」「清水君、このやりかたはダメだな。どうしたらいいと思う?」などです。このように、限定的、一時的な否定的評価のあとに、部下に考えさせる質問を付加すると、部下への否定的評価は、部下に考えさせるチャンスになります。部下は、質問に答えようとして自らの問題に向かい合うことになります。

スキル❺手がかりになる質問をする

答を与える代わりに、考える手がかりを与える。これもコーチングの基本です。

部下は、「考えろ」と言われても、どのような道筋で考えたらよいのか、あるいは、どのようなことを手がかりに考えを進めたらよいのか分からないことがあります。そこで上司としては、考えの道筋や考え方を示す質問や、答につながるような手がかりや情報がないか思い出させる質問をしてあげます。

(1)過去の成功体験を思い出させる質問

「この前うまくできたのは、どうしてだろう?」「前に似たようなことが起こったとき、どうやって解決した?」などと質問してあげます。成功体験を思い出させることは、部下に考える手がかりを与えるだけでなく、部下の効力感を呼び覚ますことになります。効力感とは、「以前できたのだから今回も解決できるかもしれない」という自分への期待です。効力感があると部下のモチベーションは高まります。

(2)問題解決の手段に関する質問

問題を解決するための手段に関して、部下の注意を喚起するような質問をしてあげます。たとえば「別の課に、こういうことが得意な人は、誰かいないかな?」「インターネットのサイトで調べてみた?」「先方の山崎課長にお願いしてみるのはどうかな?」などです。

(3)順番や重要性などに気づかせる質問

問題を抱えた部下は、数多くのやらなければならないことに一気に直面して戸惑ってしまうことがあります。そこで上司としては、片付けなければならないことの順番や重要性に気づかせる質問をしてあげます。たとえば「一番最初にしなければならないことは何だろう?」「何が一番大切なことだと思う?」「必要度の高い順番に並べてみたらどうなる?」などの質問です。

スキル❻感情に訴える質問をする

この章では、自律した部下を育てるために、部下に考えさせる機会をできるだけ与えることをめざしていますので、部下の理性に訴えることが中心になります。ただし場合によっては、部下の感情に訴えることも必要です。感情はモチベーションを高める働きをするからです。私たちが行動を起こすのは、理性的な判断だけでなく、そこに不安や怒り、憎しみがあり、それらの感情を減らしたいためです。あるいは逆に、喜びや楽しみ、満足があれば、それらの感情をもっと増やしたいために、行動を起こすのです。

部下の感情に訴える質問を上手に発することができれば、部下の気持ちを動かし、モチベーションを高めることができます。

そのために、まずは上司が自分の感情を、3章で紹介した「私メッセージ」で部下に伝えます。たとえば「この仕事は何としてもウチでとりたいと思う。とれたらうれしいよ」と言います。「私メッセージ」で、うれしい、楽しい、悲しい、悔しい、つらい、腹立たしい、不安だ、恥ずかしい、ねたましい、うらやましい、イライラした、などの感情語を意識的に使います。とくに男性の上司は、感情語を意識的に使うようにしましょう。男性は女性よりも感情の表明が少なく感情語を使わないと言われています（村井　二〇〇五）ので、男性上司は、多くの感情語を頭に入れておき、使えるように準備しておく必要があります。また、日ごろから、6章で紹介した「心の距離を縮めるオープンマインド・スキル」を実行して、部下に対する感情表明のハードルを下げておくとよいでしょう。

自分の感情を伝えたあとで、部下の感情に訴える質問を発します。たとえば「この仕事がとれたら阿部君もうれしくない?」「この仕事がとれなかったら悔しくない?」などと質問します。このような質問を発することで、部下の意識を自らの感情に向けさせるのです。

このような質問に対して、もし部下が、上司の感情に同意しないような発言をした場合は(「べつに悔しいとは思いません」などと答えたら)、上司は、その部下の発言に対する自分の感情を素直に伝えるか(「そうか、そう思わないのか、残念だな」)、最初の自分の感情を繰り返します(「この仕事がとれなかったら私は悔しいよ」など)。注意しなければならないのは、このときに「なんだ阿部君は、やる気がないな」などと、部下を評価する言葉を口にしないことです。

スキル❼我々メッセージを使う

部下が何か問題を抱えて上司のところにやってきても、これまで述べてきたようにコーチングの発想では、上司が解決策を与える代わりに質問をして、部下自身に考えさせます。このような対応に対して、部下の中には「上司は何も考えてくれないのではないか」と不安になったり不満に思ったりする人がいるかもしれません。

このような不安や不満を和らげ、部下を励ますために、4章で紹介した「我々メッセージ」を使います。「我々メッセージ」とは、4章で述べたように言葉を発する際に、意味的な主語が「我々」「私たち」になるような言い方をすることです。

上司が、職場全体に向けてあいさつめいたことを言うときに「我々」や「私たち」を使うことがあります。たとえば「我々は、この半年間、売上げを引き上げようとみんなで力を合わせて頑張ってきました」などと言います。この話法を、二者関係の話の中でも用いるのが「我々メッセージ」です。「我々」が仰々しいと思えば、「私たち」と言ってもかまいませんし、「我々」や「私たち」という言葉を直接、口にしなくても、「上司である私は、部下であるあなたと一緒にいる」という意味が伝わる表現であれば、「我々メッセージ」です。

具体例で説明しましょう。たとえば部下が「森物産の池田会長が、我が社の悪口を業界の集まりで言いふらしているそうです」と報告しに来たとします。これに対して上司が「そうか、池田会長がそんなことをしているのか」と、部下の言葉を反射させたあとに、「我々としたら、どうしたらいいんだろうね？」と言ったとすれば、これが我々メッセージです。ただ単に「どうしたらいいんだろうね？」と質問を発しただけでは、「あなたが考えなさい」と、部下に押しつけたように解釈されてしまう恐れがありますが「我々としたら」という言葉を付け加えることで、「私たち共通の問題」と認識していることを伝えることができます。さらに「どうしたらいいか、一緒に考えよう」「明日、もう一度この件を話し合いましょう。それまで私もよく考えておく」などと言えば、もっと明確な「我々メッセージ」になります。

本書では、すでに「あなたメッセージ」と「私メッセージ」を紹介しました（3章を参照してください）。命令や指示を相手に押しつけるのが「あなたメッセージ」、自分の思いを語るのが「私メッセージ」でしたが、両者は、相手と自分を切り離したうえで用いるという共通点があります。これに対して「我々メッセージ」は、相手と自分は同じ立場であるというメッセージを伝えることができます。

そのため、部下が個人的な問題を抱えて上司に相談に来たようなときが、「我々メッセージ」を使うチャンスです。そのときに「私も一緒に考える」という意味のことを明言しましょう。「我々メッセージ」を発することで、上司として、部下の個人的な問題にも寄り添う意思があることを伝えられます。

また、スキル⑥の「感情に訴える質問をする」を一緒に使うと効果的です。たとえば「この仕事は何としてもウチでとりたいと思う。とれたらうれしいよ」と「私メッセージ」で言う代わりに、「この仕事は何としてもウチでとりたいと思う。とれたら、ウチのみんなが喜ぶよね」などと、「我々メッセージ」で部下の感情に訴える言い方ができます。

スキル❽提案の質問をする

これまでに述べてきた質問の形は、実は、部下が抱えている問題や課題に対する答を知らなくても実行できるものでした。上司も「知らない」「分からない」ので、部下に質問を投げかけるという話法でした。それに対して、ここで述べる「提案の質問をする」は、上司が答や解決策を知っているときに実行するスキルです。

上司が答や解決策を知っていても、部下にいきなり伝えると、部下は自分で考えようとしなくなることは、すでに述べましたが、それだけでなく、上司が与えた答に部下が反発する恐れもあります。心理学でリアクタンス（reactance）と呼んでいる心の動きです。つまり部下の中には、上司に押しつけられたと思うと、自分で決める自由を侵害されたと感じ、自分で決める自由を取り戻そうとして、上司に言われたことに逆らったり、言われたのとは反対のことをしたりする人がいるということです。とくに、日ごろから上司に対して何らかの不満をもっている部下であれば、上司が言う解決策が、たとえ自分が考えた解決策と同じでも、逆らいたくなるものです。

このような部下の反発を避けるために、上司の考えや答を提案の形で、しかも質問の形で部下に伝えます。たとえば「立花食品の分は、ヤマト食品に追加の注文を出して対処してください」と言う代わりに、「立花食品の分は、ヤマト食品に追加の注文を出して対処するというのは、どうだろうか?」と言います。あるいは、「代理店に任せるのではなく、ウチが直接、販売するルートを開発すべきだ」と言う代わりに、「代理店に任せるのではなく、ウチが直接、販売するルートを開発するというのはどうだろうか?」などと質問の形にする言い方です。

上司としての提案は、部下に答を与えることに近いので、できれば使わずに済ませたいのですが、質問の形をしているので、部下に考えさせる余地は残っています。また、部下が上司の提案に賛同して実行するならば、押しつけられたと感じて実行するよりも、モチベーションは維持されますし、実行の結果に対して責任を感じます。

スキル❾答を待つ

どのような種類の質問であっても、質問は常に答を要求します。そのため質問したほうは、相手がその場で答えてくれることを期待しますし、質問されたほうは、その場で答えようとします。しかし、コーチングの発想に基づいた質問は、部下の答を求めるのが本来の目的ではありません。部下に考えるきっかけを与え、部下に考えてもらうことが目的です。したがって部下の答を、必ずしもその場で求める必要はありません。

ビジネスの現場では、時間が勝負である場面も多いと思いますが、こちらの質問に対して、部下がたとえ黙り込んでいても、答を急かすのは得策ではありません。「考えておいてくれればいいんだよ」などと言って、部下の答を待つ旨を伝えましょう。あるいは、「明日までに考えておいて」と言って、期限を具体的に示す言い方もできます。その期限が来たときに「どう？　考えてくれた？」と再び尋ねます。

なお、いくら待っても部下から解決策や答が得られない場合は、そのこと自体を解決すべき問題としてとらえて、本章のスキル②「問題点を絞るために質問をする」を使って「どうしたの？　何かあったの？」「何か別の悩みでも抱えているの？」などと質問します。また、本章で紹介してきたスキル③「柔らかな思考を促すために質問をする」、スキル④「長所に気づかせる質問をする」、スキル⑤「手がかりになる質問をする」を使って部下に働きかけてみます。もし、上司として解決策や答をもっているのならば、スキル⑧「提案の質問をする」を使うこともできます。

スキル⑩解決策を評価させるために質問をする

上司の質問に対して、部下が答を口にしたとします。上司として、その答を聴いた途端に、それが本当に解決策であるかどうか判断できてしまうこともあるでしょう。逆に、解決策として有効なのかどうか判断できないこともあります。いずれの場合も、上司はまだ意見を述べてはいけません。上司が部下の答を評価するのではなく、部下自身に評価させます。ここでも質問の形を使います。たとえば、「そのやり方でうまくいくと思う?」「実際に実行できる可能性は何%くらいかな?」などの質問を発します。

これらの質問に対して部下が自信のない返事をすることがあります。そのときは、「どうしてうまくいかないと思うの?」などと尋ねてみましょう（スキル②問題点を絞るために質問をする）。それに対する部下の返事によっては、スキル③「柔らかな思考を促すために質問をする」、スキル④「長所に気づかせる質問をする」、スキル⑤「手がかりになる質問をする」を使って、再び部下に働きかけてみます。

このように本章のスキル②からスキル⑤までは、部下に働きかけるために繰返し使うスキルです。

スキル⑪実行の確認をとるために質問をする

部下が自分で、いくらすばらしい解決策やアイディアを考え出したとしても、実行しないのでは、絵に描いた餅です。部下の実行率を高めるためには、部下に実行することを約束させるのが有効です。

ほかの人の前で公言、宣言、約束したことは、そうでない場合と比べて実行率が高くなることが実験的に実証されていて、心理学者はコミットメント（commitment）と呼んでいます（チャルディーニ 二〇一四）。そこで、部下がコミットメントするような質問を発します。

実行の日時や、実行までの期限、実行する回数などを質問の形で具体的に確認します。たとえば「それはいつまでにできるの？」「明日の午後までに先方に連絡できますか？」などという言い方です。

これらの質問に対して部下が、実行する自信がないと言うこともあります。そのときは、「どうして、できないと思うの？」と質問し、実行を妨げているものが何であるのかを一緒に探ります（スキル②問題点を絞るために質問をする）。実行を妨げている制限や理性的判断などがあれば、部下の柔らかな思考を促すための質問（スキル③）をしてあげます。さらに部下に自分の長所に気づかせる質問をする（スキル④）、あるいは、手がかりになる質問をする（スキル⑤）ことで、部下に働きかけてみます。上司として、どう実行すればよいのか策をもっているのならば、スキル⑧「提案の質問をする」を使って示唆を与えることもできます。

実行の確認をとることは大切な作業ですが、部下を追いつめるのが目的ではありません。あくまでも、部下が、実行するためにはどうしたらよいのかを考える機会にしてください。

スキル⑫努力と変化を誉める

部下が自律的に考えたり実行したりし始めたら、成果があがる前に、上司はそのこと自体を認めて、誉めてあげましょう。成功か失敗か、どのような結果が出るかも重要なことですが、それ以前に、部下が自分の考えに従って実際に実行し始めたこと、そして実行し続けていることを認めてあげましょう。

これまでやっていなかったことを始めるには精神的なエネルギーが要ります。また、これまでやっていたことであっても、継続するには精神的なエネルギーが要ります。部下がそのようなエネルギーを使っていることをきちんと認めてあげましょう。「頑張り続けているね」などと、部下が努力していることをそのまま言葉にして伝えてあげるのが基本です。「えらいね、頑張り続けているね」「すごいなあ、続けるって大変なんだよね」などと、上司の感情を添えることができれば、上司が部下の努力を認めていることがもっとよく伝わります。

部下が自律的に仕事に取り組む姿勢を見せたり、部下自身がそれまでとは変わってきたりしたときは、その変化を認めてあげましょう。たとえ最終的に成功という結果が出なくても、変化したことだけでもすばらしいことを伝えてあげます。「最近の橋本さん、よく動くようになったね」「前よりも仕事が早くなったよ」「山下君はクライアントとの対応がうまくなったね」などです。

このように、部下の努力と変化を伝えてあげることは、「あなたのことをちゃんと見ています」という暗黙のメッセージを伝えることになります。

6章のスキル⑥「気軽に誉める」も、もう一度、読んでみてください。

スキル⑬失敗を活かすために質問をする

部下が自律的に考えて実行しても、ビジネスの現場は生易しくはありませんから、効果が出なかったり、問題が解決しなかったり、あるいは明らかに失敗したりすることがあります。

上司の中には、このようなときこそ部下を叱るチャンスだと思っている人もいるようです。このようなときは、部下たちが意気消沈していて上司の苦言を素直に聞くからです。確かに、成功にしろ失敗にしろ、結果がはっきり出たときに、上司としてそれをどう評価するかを部下に伝えることは大切な行為ですし、成功を誉め、失敗を叱るというメリハリのある対応は必要なことです。

しかし、あわてて叱ったりコメントしたりする前に、次のような質問を発してみましょう。

(1)部下に原因を尋ねる質問

部下に、効果が出ない理由や問題が解決しない原因を尋ねる質問をします。たとえば「どうしてうまくできなかったんだと思う?」「何がいけなかったんだろうか?」「原因はなんだと思う?」などの言い方になります。

これらの質問は、原因や責任を追及することが目的ではありません。部下自身に失敗の原因を考えさせて、失敗を成長のチャンスにすることが目的です。

これらの質問に対する部下の答を受け入れたあとで、上司の立場からコメントすべき点や助言すべき点があれば、それを伝えます。ただし忘れてならないのは、たとえ失敗という結果が出たとしても、先のスキル⑫で述べたように、部下の努力と変化は認めてあげるという視点です。

(2)改善点を考えさせる質問

失敗を、部下が成長するチャンスにするためには、改善点を部下自身に考えさせる質問をすることも意味があります。具体的には、「今度の失敗で何か分かったことはある?」「今回みたいなことにならないようにするには、どうしたらいいと思う?」「今度の失敗を活かすには、どうしたらいいかな?」などの質問です。

部下はこれらの質問に答えようとして考えることで、改善策は自分のものになります。上司に指示された改善策を実行するよりも、失敗を次回の仕事に自律的に活かすことができます。

7-4 部下の自律を促す会話スキルの実例

コーチングの発想に基づく会話スキルを紹介しましたが、部下の自律を促す会話スキルは、質問を多発しますので、気の短い上司や結論を急ぎたい上司にとっては、「質問を発する時間があれば、答を与えたい」と思うかもしれません。上司の中には「コーチングはまどろっこしい」と言う人もいます。

確かにコーチングの会話スキルを実践するには、時間がかかり上司の忍耐力が要求されます。しかし、これらの会話スキルを使うと、上司として楽になる(精神的エネルギーを過度に使わなくても済む）部分があります。それは、部下が抱える問題や、部下がもち込んできた課題の解決策や答を知らなくても部下と対応できる点です。スキル⑧「提案の質問をする」以外は、上司としてあらかじめ答をもち合わせていなくても、部下に堂々と対面できて、しかも部下と一緒に考えを深めていくことができます。また、これらの会話スキルを使えば、最初に述べたように、長期的には自律した部下が育つので、組織としての目標を楽に（コストをかけずに短い時間で）達成することができるようになります。

以下に、部下の自律を促す会話スキルの例を示します。この例は、著者が、ビジネスパーソン対象の社会人大学院で受講生とともに考え出したものです。

「近藤課長」の言葉のほとんどは、本章で述べた会話スキル①から⑬のいずれかを使っています。どのスキルを使っているか考えて、カッコ内に①から⑬までのスキルの番号を書き込んでみてください。ただし、スキルは一つだけとは限りません。また、6章で紹介した「心の距離を縮めるオープンマインド・スキル」をはじめ、他の章で紹介したスキルも混じっています。

スキルの番号をカッコに書き込んでみると、「近藤課長」の言葉が、会話スキルで成り立っていることが分かります。また、「近藤課長」は、解決策や答を提示していない点も確認できます。

近藤課長「金沢商事での営業はどうだった？（　）」
川崎君「先方の田辺さん、なかなか手強くって……、きょうもロクに話を聞いてもらえなかったんです」
近藤課長「そーか、ロクに話も聞いてもらえなかったのか……。（　）そりゃ大変だったたな。（　）でも、どーして話を聞いてもらえなかったんだろうね？（　）」
川崎君「うーん、そうですねえ……」
近藤課長「何か理由はないのかな？（　）思いついたことがあれば、何でもいいから話してくれないかな（　）」
川崎君「そーですねえ……やっぱり一方的に話したのがまずかったのかなあ……」
近藤課長「一方的に話したって、どういうことだい（　）」
川崎君「田辺さん、いつだって企画書をちゃんと読んでくれないじゃないですか」
近藤課長「そうだね、それで？（　）」

川崎君「だったら企画書なしで話をすればいいかもしれないと思って、詳しく説明を始めたんですよ。そしたら……」
近藤課長「『お前の話は長すぎる！』だろ？（　　）」
川崎君「そうなんです！」
近藤課長「僕もよくやられたよ。田辺さん、気が短いからな。（　　）我々としたら、どうしたらいいか頭をひねらないといけないよな（　　）」
川崎君「ええ、だから次回お会いするときは、ウチの製品の性能が一目で分かる簡単な資料を作って行こうかと思っているんです」
近藤課長「なるほど、一目で分かるというのはいいじゃないか。（　　）ただ、書面の体裁にすると読んでもらえないんじゃないか？（　　）川崎君のその明るい性格を活かすようなやり方は、何かないかな？（　　）」
川崎君「そうですね、じゃあ、ウチの段ボール箱を切りとって、そこにキーワードを三つくらいマジックで大きく書いておいて、それを田辺さんの目の前にパッと出す、なんかどうでしょうか？　田辺さん、おもしろそうなことには自分から食いついてくるでしょう」

近藤課長「おもしろいね、悪くないかもしれないね。（　）ほかに何かできそうなことはないかな？（　）」
川崎君「ウチの製品は、とにかく軽いのがウリじゃないですか。他社の製品を一緒に持って行って、田辺さんに持ち比べてもらうっていうのはどうですか？」
近藤課長「それはいいねえ。（　）田辺さんには、ヘンに細かい説明よりも、一発で分かるプレゼンのほうが効果的だからね。（　）それで川崎君は、そのプレゼンでうまくいく可能性は何％くらいだと思う？（　）」
川崎君「可能性ですか？　そうですね、五〇％か六〇％くらいでしょうか……」
近藤課長「よし、五〇％を超えているならやってみようよ。そのアイディアを、一応ほかの人たちにも伝えておきたいんだけど、いつの会議に出せる？（　）」
川崎君「あすの会議で出せます」
近藤課長「よし、じゃああすの営業会議で、キーワードを段ボールに書いたものを見せてもらおうか。どうだろう？（　）」
川崎君「分かりました」

職場ストレスに対処するスキル

8章　職場ストレスについて知る

8-1 職場ストレスの原因は人間関係

現代は「ストレス社会」と呼ばれるくらいに、働く人のストレスは、数年来の社会問題となっています。

厚生労働省が五年ごとに実施している労働者健康状況調査によると、自分の職業生活に「強い不安、悩み、ストレス」を感じている労働者の割合は、一九八七年度以降では常に五〇％を超えており、年によっては六〇％を超える年もありました。同調査で回答者が、ストレスを引き起こす原因としてもっとも多く選択しているのは、「仕事の量」や「仕事の質」ではなく、「職場の人間関係の問題」です。職場で発生するストレスの原因は、業務そのものに端を発する仕事の量や質が無関係ではないものの、職場の人間関係のあり方であることが分かります。

また、独立行政法人労働者健康福祉機構が行っている「勤労者心の電話相談」の取りまとめ結果によると、相談内容のトップ3は、「上司との人間関係」「同僚との人間関係」「その他の人間関係」となっています。職場の人間関係に起因するストレスの多くは、職場の上司や同僚あるいは部下との意思疎通の不具合によって生じていると考えられます。

そもそも「職場」は、上司、同僚、部下、そして顧客やクライアントなど、人と人との関係によって成立しているわけですから、職業生活で体験するストレスで、人間関係に起因しないものはないと言ってもよいかもしれません。

8-2 ストレスのとらえ方の基本

職場の人間関係によって発生する職場ストレスに対応するために、まず、ストレスのとらえ方の基本を知っておきましょう。

一般には「ストレス」という言い方をしますが、専門的には、ストレスは「ストレッサー」と「ストレス反応」の二つに分けることができます。この二つは、いわばストレスの原因と結果のことです。

「ストレッサー」は、人の心身の健康状態に歪みをもたらす刺激や原因のことです。職場の部屋の広さや明るさや温度をはじめ、机の広さや隣の机との距離などのストレッサーを「物理的ストレッサー」と言います。長時間の通勤時間、過剰な残業、リストラの不安などがストレッサーならば「社会的ストレッサー」、上司や同僚や部下との人間関係の問題がストレッサーならば「対人ストレッサー」と言います。

これに対して「ストレス反応」とは、ストレッサーによって引き起こされた心や体の健康状態を指します。ストレッサーによって引き起こされた過度な不安や緊張、抑うつ気分、気力の低下などの「心理的反応」、あるいは動悸、脱毛、胃潰瘍などの「身体的な反応」のことです。

このように、「ストレス」は、専門的にはストレッサーとストレス反応に区別して考えますので、たとえば「朝の通勤電車はストレスだ」と言っているときのストレスは、実は「ストレッサー」のことを言っているのであり、「最近、ストレスで胃が痛い」と言っているときのストレスは「ストレス反応」のことを言っているのです。

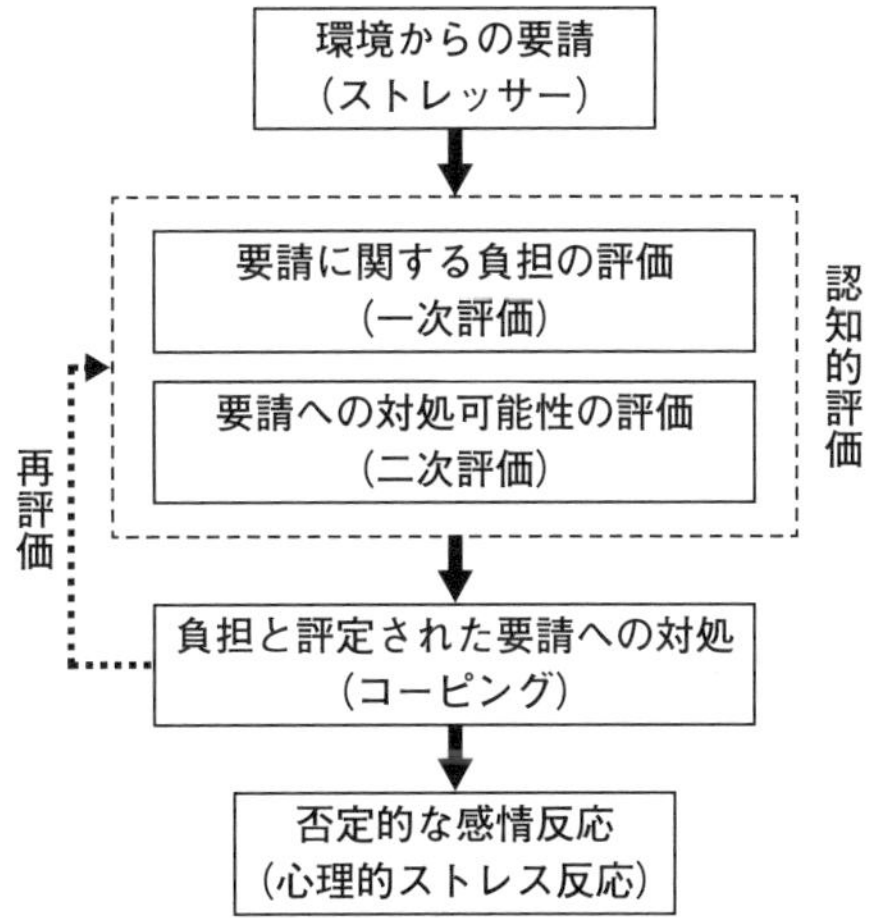

図8　心理学的ストレスモデル（田中，2012b）

　ストレッサーが最終的にストレス反応に至るまでのプロセスについては、これまで医学、心理学、生化学などの分野で、多くのモデルが発表されてきました。それらのモデルの中で、ラザルスとフォルクマン（一九八四）の心理学的ストレスモデルは、ストレッサーが単純にストレス反応を引き起こすのではなく、「人によって違う」という個人差を考慮に入れて、人の心理的要因に重きを置いたモデルです。

　図8は、心理学的ストレスモデルを図示したものです。この図に示すように、このモデルでは、ストレッ

サーは、日常生活で出くわす環境からのさまざまな「要請」です。「すし詰めの朝の通勤電車に乗る」のも、「いきなり残業しろと上司に言われる」のも、「反抗期を迎えた息子が口をきかない」のも、環境からの要請ととらえます。

このような要請がすぐにストレス反応を引き起こすのではなく、まず、各自が、その要請を「どれほど負担だろうか」と判断する過程（一次評価）と、「その要請に自分は対処できるだろうか」と判断する過程（二次評価）の二つの評価を経ます。もし、環境からの要請は、「たいした負担ではない」「自分で何とかできるだろう」と評価できれば、何らかの対処を実行します。そして実際に対処できれば、否定的な感情反応つまり心理的ストレス反応は生じません。逆に、対処したものの、その対処が不適切であったり不十分であったりして、要請への対処に失敗すれば、否定的な感情反応（心理的ストレス反応）が生じます。

8-3 ソーシャルスキルを含んだ心理学的職場ストレスモデル

心理学的ストレスモデルを、職場のストレスにあてはめてモデルにしたのが、図9に示す「心理学的職場ストレスモデル」です。

このモデルでは、仕事でのさまざまな〝困りごと〟が職場ストレッサーであるとみなします。ただし、職場ストレッサーが発生しても、図の左側のルートをたどれば、つまり、「〝困りごと〟を負担と受け取らない」と評価すれば、「活発で適応的な就労状態」が維持されます。

これに対して「〝困りごと〟を負担と受け取る」と評価すると、図の右側のルートをたどることになります。まず、発生している負担に何とか対処しようとする「負担への対処」が行われます。

負担への対処は、大きく分けて「問題焦点型」と「情動焦点型」の二種類があります（ラザラス　一九九九）。「問題焦点型」は、〝困りごと〟そのものを何とかしようと

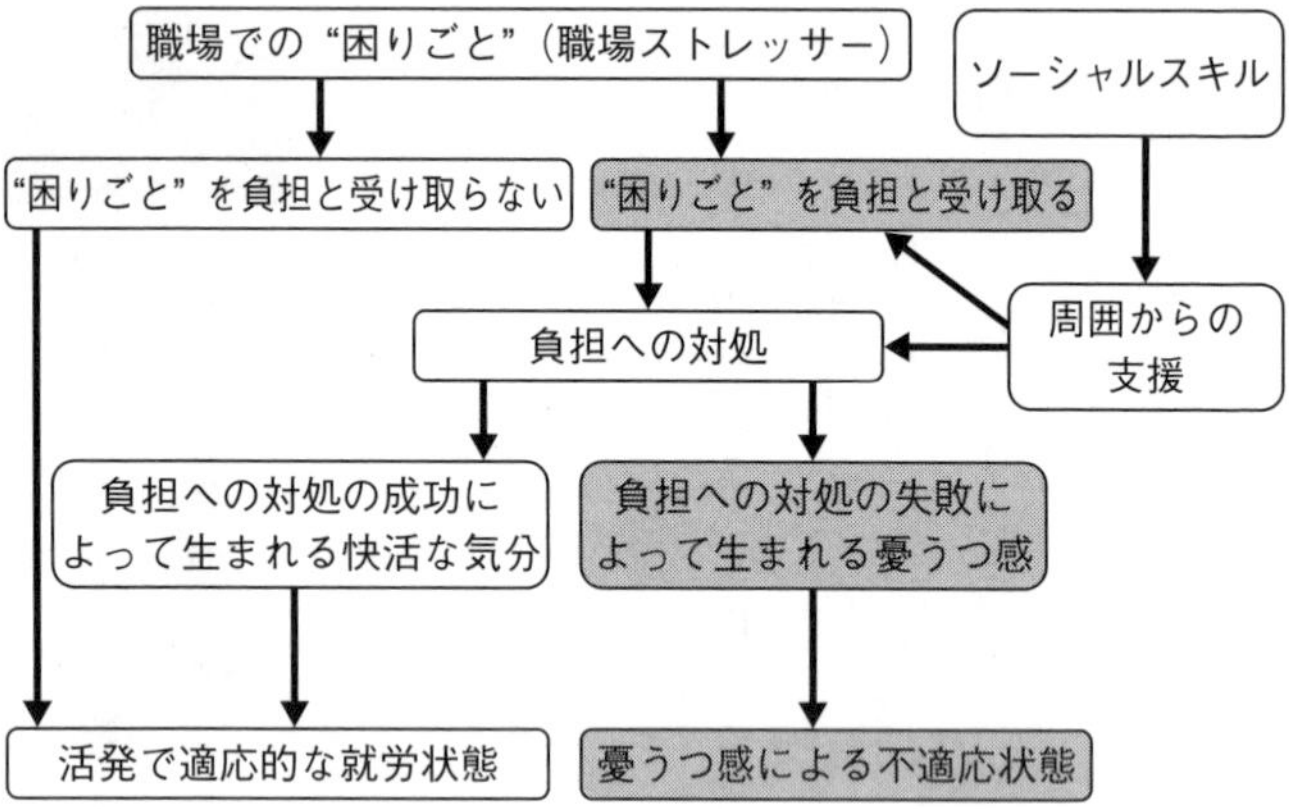

図9　心理学的職場ストレスモデル（小杉，2003を著者が修正）

する対処であり、具体的で実際的な手段によって、職場ストレッサーに直接取り組もうとする方法です。たとえば、やらなければならない複数の仕事や課題に優先順位をつけて、一つずつ片付けて、〝困りごと〟に対処しようとするやり方です。「情動焦点型」は、自分の感情を何とかしようとする対処です。目の前の〝困りごと〟はそのままにしておいて、別の仕事に逃げたり、気晴らしをしたりするやり方です。精神的には〝困りごと〟から遠ざかりますが、現実の問題の解決は図られませんから、場合によっては、「情動焦点型」は、かえって職場ストレッサーを強めてしまい、ストレス反応を悪化させてしまうこともあります。

「問題焦点型」「情動焦点型」いずれの対処方法にしろ、〝困りごと〟を、「たいしたことではない」と評価できたり、〝困りごと〟を実際に取り除けたりできれば、快活な気分を取り戻せますので、「活発で適応的な就労状態」に至ります。逆に、負担への対処に失敗すれば、憂うつ感に陥り、これが職場での不適応状態を生むことになります。

要するにこのモデルでは、「仕事での〝困りごと〟」を、負担と受け取るか受け取らないかという「認知的評価」と、負担と受け取ったあとの「負担への対処」の成功か失敗かによって、最終的に不適応状態になるかならないかが決まると考えています。

この「認知的評価」と「負担への対処」という二つの過程に影響を与えるのが、図9に示したように、上司や同僚、あるいは部下など「周囲からの支援」です（4章の用語で言えば「バックアップ」です）。「職場での〝困りごと〟」を、負担と受け取るか、負担とは受け取らないか評価をするときに、もし、「周囲からの支援」があれば、負担と受け取らないで済むかもしれません。また、たとえ負担と受け取ったあとでも、その負担への対処のときに、上司や同僚や部下からの支援があれば、対処に成功する可能性が増えます。このように、「周囲からの支援」は、職場ストレッサーがあっても、それを負担だと感じる度合いを小さくし、負担だと感じても、対処を成功に導いて、不適応状態に陥ることを防いでくれるのです。

ただし、周囲からの支援は、黙っていたのでは得ることはできません。こちらから周囲に働きかける必要があります。その働きかけに必要な技術が、図9に示したように、ソーシャルスキルです。職場ストレスに関わるソーシャルスキルの具体的なことに関しては、次の9章と10章で紹介します。

8-4 職場ストレスの程度を測ってみよう

これまでに述べてきた職場ストレスについて理解したうえで、あなたのストレス反応の程度を測ってみましょう。

図10に示すのは、ビジネスパーソン向けの心理的ストレス反応テストです。

まず、質問項目①から⑨までに、「まったくあてはまらない」「あまりはあてはまら

次の①～⑨の設問について普段のあなたにあてはまると思うものを，選択肢の中から選んで○を付けてください。

	まったくあてはまらない	あまりあてはまらない	ややあてはまる	よくあてはまる
①作業を少ししただけで疲れる				
②疲れてぐったりとすることがある				
③だるい感じがなくならない				
④イライラする				
⑤すぐかっとなる				
⑥怒りを感じる				
⑦希望が持てない				
⑧気持ちが沈んでいる				
⑨ゆううつだ				

図 10　ビジネスパーソンの心理的ストレス反応テスト
（田中，2012a を基に作成）

ない」「ややあてはまる」「よくあてはまる」の、いずれかで答えてください。

次に、「まったくあてはまらない」を〇点、「あまりあてはまらない」を一点、「ややあてはまる」を二点、「よくあてはまる」を三点として、得点を算出してください。

このテストは、「疲労感」「イライラ感」「憂うつ感」の三種類の心理的ストレス反応を測定し、その合計で当人の心理的ストレス反応の程度を測定するものです。九項目の合計得点は、その人の心理的ストレス反応の程度、つまり、どの程度ストレスが溜まっているかを示しています。この九項目の合計得点による判断基準は次の通りです。

男性一八点以上、女性一九点以上は、かなり高いレベルの心理的ストレス反応を自覚しています。心理的に不調の兆候が認められます。

男性一七〜一六点、女性一八〜一七点は、標準的なレベルの心理的ストレス反応を自覚しています。今のところとくに問題はありませんが、今後の仕事のやり方次第では、悪化する恐れもあります。

男性五点以下、女性六点以下は、かなり良好な心理的ストレス状態です。今のところ心理的な問題はとくにないと判断できます。

心理的ストレス反応は、次のように悪化していきます。

職場環境からストレッサーを受けると、初期の段階では「疲労感」を自覚します。疲労感が生じているにも関わらず、職場ストレッサーへの対処を怠ったり、うまく対処できずにストレッサーを取り除くことができなかったりした場合には、「イライラ感」を自覚します。この段階は、心理的ストレス反応の中期と言えます。この段階まで悪化しても、職場ストレッサーへの対処を怠り続けたり、うまく対処できずにストレッサーを取り除くことに失敗し続けたりした場合には、「憂うつ感」を自覚します。つまり、心理的ストレス反応は「疲労感」↓「イライラ感」↓「憂うつ感」という順番に悪化していくのです。最後の「憂うつ感」は、いわゆる「うつ状態」と同様の状態を表しますので、心理的な問題としてかなり重篤な状態と言えます。

三つの状態それぞれは、次のように項目番号を合計すれば測定することができます。

「疲労感」は、項目番号①②③を合計します。判断基準は次の通りです。

男性七点以上、女性八点以上は、高い疲労感を自覚しています。

男性六～二点、女性七～三点は、標準的な疲労感の程度です。

男性一点以下、女性二点以下は、ほとんど疲労感は感じていません。

「イライラ感」は、項目番号④⑤⑥を合計します。判断基準は次の通りです。

男性六点以上、女性七点以上は、かなりイライラ感を高く自覚しています。

男性五～一点、女性六～二点は、イライラ感の程度は標準的です。

男性〇点、女性一点以下は、ほとんどイライラ感は感じていません。

「憂うつ感」は、項目番号⑦⑧⑨を合計します。判断基準は次の通りです。

男女ともに七点以上は、かなり強い憂うつ感を自覚しています。
男女ともに六〜二点は、中程度の強さの憂うつ感を自覚しています。
男女ともに一点以下は、ほとんど憂うつ感は自覚していません。

あなたのストレス反応の程度はどうだったでしょうか。たとえストレス反応の評定得点が高くても、あるいは「憂うつ感」の得点が高くても、悲観することはありません。ストレス反応を軽減させる方法があるからです。それは、すでに述べたように、上司や同僚あるいは部下から支援を得ることです。

ソーシャルスキルを発揮して周囲からの支援を上手に得ることができれば、職場でのストレス反応を軽くすることができます。

9章　部下として職場ストレスを溜めないスキル

9-1 〝困りごと〟を考え直すスキル

職場でのさまざまな〝困りごと〟は、図9に示したように、職場ストレッサーです。ただし、その〝困りごと〟を、「負担だ」と思わなければ、適応的な就労状態を維持できます。また、たとえ負担だと受け取っても、負担への対処として、〝困りごと〟についてもう一度考え直して、負担だと思わなくなれば、適応的な就労状態を維持できます。つまり、〝困りごと〟をどうとらえて、どう考え直すかがポイントになります。

そこで以下に、〝困りごと〟のとらえ方、また、考え直し方に関するスキルを紹介します。

スキル❶事実と理由を書き出す

職場では、さまざまな出来事が起こりますが、ある出来事を〝困りごと〟だと決めるのは、ほかでもない、自分自身です。〝困りごと〟だと思うのは、当人の考え方であるという点が重要です。

たとえば、上司から「売上げを半年で今の一・五倍に伸ばせ」と命じられたとします。この「半年」や「一・五倍」という数字がたとえ無茶であったとしても、それを〝困りごと〟と受けとめているのは、あくまで当人の考え方です。

ところが私たちは、自分にとってイヤな出来事や都合の悪い出来事が起こると、それをあたかも事実のごとく受け取ってしまいます。

職場で「イヤだな」とか「困ったな」「どうしよう」などという気持ちがわいたとき、まずは、事実として何が起こっているのかを、できるだけ冷静に考えてみましょう。冷静に考えるために、紙、あるいはパソコンの画面に、「事実」と見出しを書いて、何が起こっているのか、身に降りかかってきた出来事について文字にしてみましょう。

次に、「理由」という見出しを書いて、先に書いた事実に対して、なぜ「イヤだな」とか「困ったな」「どうしよう」などと思っているのか、その理由を書き出してみましょう。理由は、できるだけ具体的に書きます。理由は、一般に複数ありますから、複数の理由をすべて書き出します。

たとえば「そんなことはできないから」という漠然とした理由よりも、「睡眠時間を削っても時間がないから無理」「一人ではやり遂げられないから」、あるいは「自分には、相手と交渉するほどの英語の能力がないから」などと具体的に考えてみましょう。

具体的な理由を考えたうえで、事実をもう一度見直してください。

何が事実かを確認したうえで、具体的な理由をあげただけでは、「〝困りごと〟が負担だ」という思いは変化しないかもしれませんが、少なくとも、単純に「〝困りごと〟が起こった」と思い込んでいたときと比べると、焦りや緊張や不安が和らぐ効果があります。また、このように書き出すこと、とくに「理由」を具体的にあげていくことによって、具体的な対応策を考えるきっかけがつかめます。

スキル❷理由に反論してみる

スキル①で書き出した〝困りごと〟だと思う理由一つひとつに、反論を加えることができないか考えてみてください。理由を書いたのが自分ではなく、ほかの人があげたことのように、その理由を読み直して、反論してみてください。

たとえば「時間がないと言うけれど、半年の猶予があるのだから、ほかのことに使っていた時間をこのことに回せば何とかなるはず」「一人では無理でも、石川さんに助けを求めれば目標が達成できる」「英語の能力は使うほど上達するものだ。交渉の準備をするうちに力がついてくる」などと反論してみるのです。

反論に、合理性や論理性があるかどうかを問う必要はありません。うまく反論できなくてもかまいません。とにかく、ひと言反論してみることが大切です。

反論をしているうちに、〝困りごと〟が〝困りごと〟ではないと思えるようになることがあります。また、「負担だ」と思っていたことが、「何とかなるかもしれない」と思えるようになることもあります。

スキル❸仮定法で解決策を考えてみる

私たちが職場での出来事を〝困りごと〟だと思うのは、実は、さまざまな条件付きで、そう思っています。会社の予算、締切りまでの時間、自分の能力などの条件を前提にして、ある出来事を〝困りごと〟だと評価しているのです。

スキル①で書き出した〝困りごと〟だと思う理由をもう一度みてください。目標を達成するための前提条件（予算、時間、能力）が整っていないことを理由にあげていないでしょうか。

確かに、現実には、前提条件が整っていないからこそ〝困りごと〟だと思うのですが、あえて、その前提条件が整っていると仮定して、解決策を考えてみましょう。

たとえば、「もし時間も予算も、たっぷりあるとしたら」「もし同僚の助けが得られるならば」「もし自分の強みが英語での交渉力だとすれば」などと仮定したうえで、具体的な解決策を、「最初にこれをして、次にあれをして」というふうに、ステップを踏んで考えてみます。

仮定の前提条件が非現実的であっても、自分で信じられないことであってもかまいません。具体性のある解決策が思いつかなくてもかまいません。それでも解決策を考えていると、それまで絶対的であるように感じられていた〝困りごと〟が、相対的な〝困りごと〟に感じられるようになります。つまり、「絶対に無理」なのではなく、「条件さえ整えば、解決できるかもしれない」「負担ではないかもしれない」と思えるようになります。

また、場合によっては、解決すべきことは〝困りごと〟そのものではなく、前提条件を整えることだということも見えてきます。たとえば、解決すべきことは、「自分が売上げを一・五倍に伸ばすこと」ではなく、「上司が予算を増やすことだ」というように、〝困りごと〟の見え方が変わってきます。

なお、ここでの「仮定法で解決策を考えてみる」ときに役立つスキルが、7章の「部下の自律を促す会話スキル」の中で紹介したスキル③「柔らかな思考を促すために質問をする」です。7章では、上司が部下に質問をするときのスキルとして「柔らかな思考を促すために質問をする」ことを奨めていますが、このスキルを、自分で自分に実行してみるのです。つまり、自分で自分に「制限や理性的判断を外す質問」「立場や視点を替えさせる質問」「時間と空間を変える質問」をしてみるのです（詳しくは7章を読んでください）。

スキル❹自分の目標を変えてみる

自分の目標と照らし合わせたときに、職場での出来事が〝困りごと〟だと感じられることがあります。たとえば、自分の目標が「一年で売上げを今の一・五倍に伸ばす」だったのに、上司から「半年で」と言われたために、その命令が「無理だ、負担だ」と感じられたり、自分の目標が「プロジェクト・チームを立ち上げること」だったのに、上司に「売上げ」のことを言われて「この上司は何も分かっていない」と怒りを覚えたりします。

このように、自分の目標との兼ね合いで、職場での出来事が〝困りごと〟に感じられることがあります。そこで、自分の目標を変えられないかどうか考えてみます。自分の目標の数値を上げてみたり下げてみたり、目標の期限を延ばしてみたり縮めてみたり、あるいは、目標の中身に修正を加えてみたり、さらには、まったく別の目標を立ててみたりします。

このように自分の目標のほうを変えてみることで、〝困りごと〟だと思っていたことと折り合いがつくことがあります。

なお、ここで言う「目標」とは、達成したい水準や数値、期限など具体的な内容を指します。これに対して「目的」は、目標を積み重ねて達成したい長期的な内容のことです。目的は見失わずに、目標を変えてみましょう。

スキル❺「これはチャンスかもしれない」と言い聞かせる

職場で何か〝困りごと〟だと思うことが起こると、最初に思い浮かぶのは、「イヤだな」「困ったな」「どうしよう」などという否定的な思いです。このような否定的な思いが浮かんだら、これをシグナルにして、「でも、これはチャンスかもしれない」と、頭の中で自分に言い聞かせてみてください。否定的な思いが浮かんだら、すぐに、機械的に自分に言うのです。声に出せる状況ならば、声に出して言ったほうが効果的です。チャンスである理由がまったく思いつかなくても、とにかく「これはチャンスかもしれない」と言い聞かせます。できれば目を閉じて、おまじないのように、「これはチャンスかもしれない」と三度くらい繰り返して自分に言い聞かせてみます。

このように言い聞かせる時機は、〝困りごと〟だと思うことが起こった直後ですが、これまでに紹介してきたスキル①からスキル④までを実行したあとでも、「これはチャンスかもしれない」と自分に言い聞かせてみてください。スキル①からスキル④

までを実行したあとであれば、「これはチャンスかもしれない」という言葉が、自分でも信じられる可能性が高まります。また、実際にチャンスである理由が思いつく可能性も高まります。

「これはチャンスかもしれない」と自分に言い聞かせたあと、チャンスかもしれない理由を考えてみてください。「これはチャンスかもしれない。なぜなら～だから」の文型を使います。たとえば、「これはチャンスかもしれない。なぜなら、売上げが伸びれば、給料が上がるかもしれないのだから」「これはチャンスかもしれない。なぜなら今まで発揮する機会がなかった自分の強みを上司に見せることができるかもしれないのだから」などと考えてみます。

私たちの思考は、ある事実を否定的に評価したとたんに、その否定的評価が正当であると示すようなことを、次々に考え出したり思い出したりします。〝困りごと〟だと評価すれば、〝困りごと〟という評価が正当である理由を次々に考え出したり、過去の否定的な出来事を思い出したりするのです。

この自動的な否定的思考の流れを多少でも食い止めて、できれば肯定的な思考の流れに変えるために「これはチャンスかもしれない」と自分に言い聞かせてみるのです。

そして、チャンスかもしれない理由も意志的に考えてみるのです。すると、ある事実を〝困りごと〟だと思っていたときには考えつかなかった、その事実の別の側面が見えてきます。

英語の諺に“Every cloud has a silver lining.”というのがあります。直訳すれば「どの雲にも銀の裏地がついている」です。太陽をさえぎった雲は黒く見えますが、その雲の縁は太陽の光で輝いています。それが「雲の銀の裏地」です。そこでこの諺は、「どんなに悪いことにも何かよい側面がある」という意味で使われます。

職場で、こちらの思いや目標をさえぎる〝困りごと〟は黒雲のように見えますが、「これはチャンスかもしれない」と言い聞かせると、その黒雲の縁が銀色に輝いていることに気づきやすくなります。

スキル❻気晴らしをする

8章で述べたように、〝困りごと〟によって生じた負担への対処には、大きく分けて「問題焦点型」と「情動焦点型」の二種類があります。「問題焦点型」は、〝困りごと〟そのものを何とかしようとする対処であり、「情動焦点型」は、自分の感情を何とかしようとする対処です。ここで奨めるのは、後者の「情動焦点型」の典型である気晴らしです。

目の前の〝困りごと〟に緊急性がなく、ある程度の時間なら放っておいても大丈夫な場合には、〝困りごと〟はそのままにしておいて、気晴らしをしましょう。気晴らしをすると、それまで「〝困りごと〟だ」と思っていたことが、「そうでもない」と思えたり、〝困りごと〟の重さが軽く感じられるようになったりします。また、思い詰めていたときには考えつかなかった解決策が思い浮かんだり、支援をしてくれそうな人や助けを求められそうな人が思いついたりします。

〝困りごと〟の中でも、時間を費やして取り組めば、それに応じて〝困りごと〟の量や数が減るのは、量的な〝困りごと〟です。それに対して、時間を費やしたからといって減るわけでも軽くなるわけでも、なくなるわけでもないのが、質的な〝困りごと〟です。たとえば、職場の人間関係、職場そのものが置かれている一定の状態、職場が掲げる長期的な目標や目的、職場内での担当業務の不明確な位置づけなどです。このような質的な〝困りごと〟に延々と立ち向かってエネルギーを大量に注ぎ込んでも、消耗し疲労感が増すばかりです。このような質的な〝困りごと〟に、気晴らしは、とくに有効です。

どのようなことであっても、自分で「これがしたい」と思うことに時間を費やせば、それが気晴らしになります。

ただし、気晴らしが、本来の仕事や課題よりも時間やエネルギーを注ぐ対象になったり、アルコール依存やニコチン依存などのように、依存する対象になったりしないように注意しなければなりません。そこで、次のような条件を満たすものが気晴らしとして適しています。

(1)〝困りごと〟と関係のないことや、〝困りごと〟と関係のない人と行うもの

この条件については説明するまでもありません。気晴らしのつもりが気晴らしにならないという事態を避けるための条件です。たとえば、気晴らしのつもりで同僚と飲みに行ったのに、いつのまにか仕事の話になって悪酔いしたり、酔いに任せて人間関係を壊すような言動をしたり、というのでは気晴らしとは言えません。

(2)大量のエネルギーや長い時間を必要としないこと

これは、気晴らしが本来の仕事や課題の邪魔をしないための条件です。たとえば同じ旅行でも、数週間に及ぶような海外旅行よりも、一泊二日程度の国内旅行のほうが、

気晴らしとして適しています。気軽に始めて、すぐに終わるもの、すぐにやめられるものが適しています。

(3)体を動かすこと

運動が、うつの抑制に効果的であることが実証されているように、体を動かせば、食欲や睡眠に好影響が出て、各種の良好なホルモンが体内に生成されやすくなります。体調が整えば、〝困りごと〟に対する考え方にも良い変化が起こります。体を動かすことは、先にあげた⑴や⑵の条件も満たしやすく、気晴らしとしてもっとも適しています。

9-2 〝困りごと〟に対処するスキル

これまでは、〝困りごと〟について、考え直すスキルについて紹介してきました。ここでは、〝困りごと〟、つまり職場ストレッサーに対して、具体的に対処するスキルについて紹介します。

です。

スキル❶解決のための一歩を踏み出してみる

ある出来事が〝困りごと〟だと感じられるときは、その出来事が単独で〝困りごと〟なのではなく、いくつもの要素が絡み合い、いくつもの仕事が重なっているものです。

たとえば中島さんは、上司から夕方に、「あすの昼までにきょうの営業について報告書を提出するように」と言われたとたんに、「イヤだな」という否定的な思いが浮かびました。「あのクライアントは、もっとも苦手な相手だったから、きょうもさんざんだったな」と失敗した営業を思い出して、「それを報告書にどのように書いたらいいいんだろう」と悩みました。すると、上司がいつも頭ごなしに「なに寝ぼけているんだ！」と言う口癖を思い出し、「あのひと言を言われるのは心底イヤだな」とさらに落ち込みました。あすの午前中には別の苦手なクライアントと会う約束があることも思い出して、「報告書を書いている時間がない」と焦ってきました。

この例のように、〝困りごと〟は重層的です。重層的な〝困りごと〟を前にすると、私たちは体がすくんでしまい、身動きがとれない感覚に陥ります。身動きがとれない感覚は、さらに気持ちを落ち込ませるという悪循環に陥ります。

悪循環を断ち切るためには、解決のためのささやかな一歩をとりあえず踏み出すことです。どんなにささやかな一歩でもかまいませんが、①解決の方向に向かっている一歩であること、②体を動かす一歩であることが条件です。

中島さんの例で言えば、パソコンに向かって、とりあえずソフトを立ち上げ、報告書の書式を出してみる、あるいは、報告書に日付だけ書き入れてみる、などです。頭であれこれ考える前に、とりあえず、報告書作成に向けてささやかな一歩を踏み出してみるのです。

その一歩のあとで、また、ため息が出て思い悩んで動きが止まってしまうこともあるでしょうが、そういうときも、また、とりあえず一歩だけ前に進んでみましょう。これを繰り返しているうちに、まったく身動きがとれないという感覚から、体が少しは動くという感覚になります。それにつれて、困りごとの重さが少しずつ軽くなります。

この「解決のための一歩を踏み出してみる」というスキルは、〝困りごと〟が量的なものであるときに、とくに有効です。量的な困りごととは、「残業しないと片付かない」「仕事量が多すぎる」「納期がきつい」など、仕事の量や時間が直接の原因となっている困りごとです。このような量的な困りごとは、泣きながらでも一歩を踏み出して量を減らせば、困りごとの重さもそれだけ軽くなるからです。

スキル❷人に話してみる

職場での〝困りごと〟について、誰かに話してみましょう。話す相手は、〝困りごと〟と直接、関係しない人が良いのは、言うまでもありません。できるだけ、いろいろな立場の人に話してみましょう。家族、友人、恋人など、親しい人たちはもちろんのこと、たとえば、行きつけの喫茶店や居酒屋の店主など、他人であるけれども、こちらの話を聞いてくれる人に話してみましょう。愚痴っぽく話しても、淡々と話しても、どちらでもかまいません。

運が良ければ、相手から助言や解決策を得られるかもしれませんが、これらを得るのが目的ではありません。相手からの助言などは期待しないで話しましょう。助言や解決策などを何も得られなくても、人に話をすれば、一人で抱え込んでいた緊張や不安が和らぎます。「自分は独りではない」と思えて、気持ちが安らぐかもしれません。

それだけではありません。〝困りごと〟についてほかの人に話すためには、なぜ、その出来事が自分にとって〝困りごと〟なのか、説明しなければなりません。説明するためには、何が起こったのか、なぜ〝困りごと〟なのか理由を考える必要があります。

また、人に話をすると、中にはこちらの説明や理由に反論してくる人がいるかもしれません。すると、相手を納得させるために、出来事をさらにいろいろな側面から見直すことを強いられます。

このようなことから、人に話をしてみると、必然的に〝困りごと〟について、多少なりとも客観的に考え直す機会をもつことになります。その結果、〝困りごと〟が、当初思っていたほど困った出来事ではないと思えるようになります。

ただし、ラインやフェイスブックなどのSNSはお奨めしません。SNSはリスクが大きい（ネットワークの広がりで〝困りごと〟と直接関わる人に話が達してしまう恐れや、話が相手の情報機器の中に残ってしまう恐れなど）割には、ここで述べた効果はあまり期待できないからです。単純なメールならば、SNSよりもリスクは小さく、筆記効果（書くことで〝困りごと〟を客観視できる効果）を期待できますが、ここで述べた効果は、相手と直接対面して話すことによって得られるものです。

スキル❸助けを求めることを肯定的にとらえ直す

図9に示したように、〝困りごと〟が生じても、「周囲からの支援」が得られれば、〝困りごと〟を負担だと感じる度合いは小さくなります。また、たとえ負担だと感じても「負担への対処」に成功する可能性が増えます。ですから、〝困りごと〟が生じたら周囲からの支援を受ければよい、そのためには、周囲の人に支援をお願いすればよい、ということになります。

ところが私たちは困っていても、すぐには、同僚や友人、あるいは家族や恋人に助けを求めません。なぜなら、ほかの人に助けを求めるには、自分には「できない」ということ（劣っている、能力が低いなど）を相手に伝えなければならず、これが恥ずかしかったり、悔しかったり、プライドに関わったりすると思い込んでいるからです。このことは4章の「バックアップの難しさ」でも述べました。参照してください。

しかし、人に助けを求めることは、こちらが思い込んでいるほど、恥ずかしいことでも、悔しいことでも、プライドに関わることでもありません。人に助けを求めることは、ごく当たり前の行為であり、誰もが誰かに助けを求めて生きています。誰もが大なり小なり、誰かに助けてもらわないと生きていけないからです。

もし、助けを求めないために、本来の仕事や課題をやり遂げられない事態になれば、そのほうがずっと恥ずかしく、悔しく、プライドに関わることです。人に助けを求めることは本来の目標や目的を手に入れるための手段に過ぎません。

人に助けを求めると自分のほうが劣位になる気がしてしまうのならば、人に助けを求めることは、相手にポイントを〝あげる〟ことだと思い直しましょう。ちょっとした助けを求めたのなら「一ポイントをあげた」、すこし大変なことをお願いしたのなら「一〇ポイントあげた」と思えばよいのです。こちらが助けを求めるたびに相手にポイントをあげるのです。〝あげる〟のですから、人に助けを求めることは必ずしも劣位になることではありません。相手にあげたポイントが一定程度たまったところで、そのポイントに応じたお返しを相手にすればよいのです。お返しは、こちらが相手を助けてあげたり、相手が喜ぶことを自発的にしてあげたり、いろいろなやり方があります。

このように、このポイントの高さは、相手から助けを受けとったり相手にお返しをしたりする程度を表しますから、相手との絆の程度だととらえることもできます。このポイントが高い相手ほど、絆が深い相手で、簡単に関係を切ることはできません。

つまり、助けを求めることは、ほかの人との絆を強めることだと肯定的にとらえましょう。

スキル❹依頼の基本型を使って頼む

〝困りごと〟が生じたときに、自分の周りにいる同僚や友人、あるいは家族や恋人に、気軽に助けを求めることをお奨めしますが、やみくもに頼めばよいと言うつもりはありません。人に助けを求めるときは、「依頼の基本型」を使いましょう。

依頼の基本型とは、3章の「思いを伝えるアサーション・スキル」のスキル④で紹介した、「説明（理由）＋感情＋依頼内容＋肯定的結果」です。人に助けを求めるときに、なぜ助けを求めるのか、その理由や状況を説明し、自分がどのように感じているか感情状態を表す言葉を口にし、どうしてほしいのかという内容を具体的に伝えて、最後に、依頼を聞き入れてもらうことで生じる肯定的な成果も伝える言い方です（詳しくは3章を改めて読んでください）。

たとえば、先にあげた中島さんの例での依頼は「あすの昼までに営業の報告書を提出しなければならないんだけど、間に合いそうもなくて困ってるんだ。あしたは、ミツトモ商事に行くことになっているんだけど、僕の代わりに行ってくれないかな。そうしてもらえればお昼までに報告書が書けるんだ」などとなります。

3章で説明したように、［説明（理由）］［感情］［依頼内容］［肯定的結果］の四つの要素が入っていれば、要素の順番は問題ではありません。これら四つの要素を入れて周囲の人に助けを求めると、相手が支援をしてくれる可能性が高まります。なぜなら、支援を求める理由を説明して納得させ、ほしい支援の具体的内容を伝えて安心させ、自分の感情と肯定的結果を伝えて感情に働きかけているからです。

助けを求める相手が同僚ならば、依頼の基本型を使ったあとに、お返しを明言することもできます。ここで言う「お返し」とは、たとえば「次の営業は、僕が代わりに行くから」「あしたのランチはおごるから」などと、依頼に応じてくれた場合の好条件を提示することです。

お返しを明言すると、相手は、こちらを助けるために支払うコストを低く見積もることができます。また、相手に、「お互いに助けたり助けられたりして仕事が回っている」ということを思い出させることができます。そのため、相手がこちらの依頼に応じてくれる可能性が高まります。

なお、3章のスキル①「思いを伝えようと自分に言い聞かせる」、スキル②「私メッセージを使ってみる」、スキル③「肯定的に言う」も確認してください。どのスキルも、人に助けを求めるときに役立つスキルです。また、スキル⑥「体を使って伝える」も重要なスキルですし、人に助けを求めるときは、スキル⑦「タイミングを計る」ことも、重要なスキルです。

スキル❺小さな頼みのあとに助けを求める

本来の依頼をする前には、それよりも小さな頼みごとをしておくと、本来の依頼がかなえてもらいやすくなります。これは、段階的要請法という話法で、この話法が有効であることは実験的に証明されています。

たとえば次の例のように使います。

先輩「前田さん、そこのA4サイズの用紙、ちょっと持ってきてもらえるかな?」
後輩「いいですよ」
先輩「それで、コピーとってほしいんだけど、お願いできる?」
後輩「えっ? ああ、分かりました」

先輩「ありがとう。じゃあ五〇部コピーして会議室に持っていっておいて」

後輩「はい……了解です」

この例のように、最初に受け入れてもらいやすい簡単なことを頼んでから、本来の依頼をすると、いきなり本来の依頼をした場合と比べて、受け入れてもらいやすくなります。最初の小さな頼みと本来の依頼に関連があると、効果を発揮すると言われています。

ほかの人に助けを求めるときに、この話法を使うことができます。いきなり助けを求めるのを気兼ねするようなときに、まず、相手が受け入れてくれそうな小さなことで助けを求めておいて、そのついでのように、本来の助けを求めるのです。

この話法での最初の小さな頼みは、相手の心の中に、助けることへの構えを作る働きをします。助けることへの構えができているところへ、本来の依頼をされるので、相手は少ない抵抗感で、助けることを実行するのです。

また、この話法は、助けを求める側にしてみると、最初の小さな頼みは、予行演習の効果を発揮してくれますし、助けを求めることへの抵抗感を減らしてもくれます。予行演習をし、抵抗感も減ったうえで本来のお願いをするので、相手に上手に伝えることができるのです。

なお、ここで紹介した段階的要請法とは反対に、最初に大きな頼みごとをして相手に断らせておいてから、本来の依頼をするという譲歩的要請法という話法もあります。

人にものを頼むときは、この話法も有効ですが、人に助けを求めるときには、使いにくいスキルです。スキル③で述べたように、私たちには、人に助けを求めることに対する抵抗感があるので、いきなり大きなことは頼みにくいからです。

10章　上司として職場ストレスに対応するスキル

10-1　部下がストレスを抱えているのを知ったときの対応スキル

職場でストレスを抱えている部下がいることが分かった場合、上司は、どのようなことに配慮して対応すればよいのでしょうか。

たとえば次のような人が、職場の部下にいると想像してみてください。

藤田さん（男性・三五歳・既婚）は、生真面目なタイプです。几帳面で要領はあまりよくありません。人に気を遣い過ぎるようなところがあります。前の職場では新卒で採用されたあと、いくつかの部署を経て約十年間、同じ仕事をコツコツと続けてきました。昨年から現在の職場へ異動となりました。

この一年間、新しい職場環境の中で、大変よく頑張って仕事に精を出しているように見えました。そこで上司が、藤田さんの今後のキャリアを考慮して、少し別の仕事をさせて箔をつけてやろうと考えて、三カ月前から、それほど困難ではないと思われるプロジェクトの責任者に任命しました。

ところが最近、藤田さんは元気がなくなり、事前の申請なしに、体調不良を理由によく欠勤するようになりました。

ある日、上司が「最近元気がないようだね」と声をかけたところ、「私には今の仕事を続けていく自信がありません……。若い人を指導したり、まとめていったりする能力もないような気がします」と深刻な表情で話し始めました。

部下がこのような反応を示した場合、上司はどうしたらよいのでしょうか。

スキル❶部下の話をすぐに聴く

部下が何か不調を訴えてきたときは、とにかく、すぐに話を聴きましょう。ほかの仕事があっても、部下の話を聴くことを優先させます。

部下の話を聴くために、二人だけになれる部屋を確保しましょう。多くの職場が、仕切りがなく上司や同僚が一望できるような作りになっているのではないでしょうか。そのような職場で、上司が自分のデスクで部下に向かって「話を聴こう」と言っても、部下が安心して話せるわけがありません。社員食堂などでも、周囲に同僚の目がある中では、部下は自分の問題について話しにくく感じます。社内に二人だけになれる場所がなければ、社外の喫茶店や飲食店でもかまいません。できるだけ落ち着いた雰囲気の場所を選びましょう。

どのような場所でも、上司は部下の正面には座らず、机の角をはさんで九〇度の角度で座ったり、横に二人並んで座ったりする配慮が必要です。

部下の話は、できるだけ時間をかけて聴きます。あれこれ質問するのではなく、部下に多くを語らせます。そのための具体的なスキルは、2章で紹介した「思いを受け容れる傾聴スキル」を使います。傾聴スキル②「とにかく聴こうと自分に言い聞かせる」を実行して聴き役に徹し、部下が話している間は、「反射させながら聴く」（スキル③）、「体を使って聴く」（スキル④）、「話し手の身振り手振りを観る」（スキル⑤）を実行します。部下の話が一段落したところで分からない点があれば、「話題に関連した質問をする」（スキル⑥）を実行します。そして何より「共感の言葉を発する」（スキル⑦）を実行し、部下の話を受け容れる言葉を発します。たとえば「気持ちはよく分かるよ」などと言ってあげます。

以上のようなスキルを実行すれば、不調の内容や現状について情報を得ることができます。

藤田さんの事例に戻れば、上司が「部下の話をすぐに聴く」を実行したところ、藤田さんは、自分の自信のなさや今の状態について、涙ながらに、切々と語り始めました。話の内容は、「職場には話の合う同僚がおらず、一年経過したとはいえ、孤立している感じがする。内気な性格も手伝って、ほかの人に仕事をお願いしたり、助けを求めたりすることができない。だんだん、夜、眠れなくなり、昼間は、考えがまとまらない。消えてしまいたいと思うことが多い」ということでした。

このような内容の話を聞けば、藤田さんが職場でかなりのストレスを感じていることが分かります。とくに、「夜眠れない」という身体症状を口にしている点や、「消えてしまいたい」というような、専門用語で「希死念慮」と言う内容を話している点に注目しましょう。これらの点に注目すれば、「上司の立場で藤田さんに向かってあれこれを言うのは危険だ」と判断できます。

このような場合は、すぐに、産業医、保健師、臨床心理士等の産業保健スタッフへ紹介したり、地域の産業保健センターなどに指示を仰いだり、医療機関（精神科・心療内科等）の受診を勧めることが適切な対応になります。

スキル❷専門家にすぐに相談する

藤田さんの例のように、「上司として対応するのは無理だ」、あるいは「危険だ」と判断できたら、できるだけ早く、産業保健スタッフや専門医に相談しましょう。

会社の規模によりますが、社内に相談機関があれば、当の部下の目の前で電話をして予約します。相談機関へ初めて行くときは、部下と一緒に面談に行きましょう。

社内に相談機関がない場合は、上司として、あらかじめ相談できる社外の機関を確保しておきましょう。そして、その部下の目の前で、その相談機関に電話をして予約します。

部下の目の前で予約するのは、部下の背中を押すためです。上司や同僚など周囲の者が心配して、専門家に相談するように勧めても、本人はなかなか行きづらいものです。専門家に相談に出かける気力を失っている場合もあります。そのような部下の日の前で、たとえば「五月六日の十時から面談」という状況を作ってあげれば、本人も相談に行く決心がつきやすくなります。

もし可能ならば、上司として、本人に付き添う形で一緒に専門家を訪れてもよいでしょう。上司の同行は、専門家のところへ行くのを躊躇している部下にとっては心強いものです。また、専門家は、本人から現状を聞きだすだけでなく、同行者である上司からも、職場環境などについて参考となる情報を得ることができます。

ただし、一緒に付き添うことに関しては、「上司がそこまでやる必要があるのか？」という疑問や、部下の個人情報への配慮から「上司は付き添うべきではない」という異見もあります。さらに場合によっては、部下の心の問題の原因に、上司が含まれていることもあります。同行に関しては、部下に意向を尋ねたり、部下との日ごろの関係性を考慮に入れたりして判断しましょう。

藤田さんの場合、心療内科などを受診したところ、医師は「職場不適応を発症していると考えられます。当面二カ月の療養が必要ですので、すぐに療養休暇の手続きをとってください」と診断を下し、医学的対応に入りました。

ストレスで参っているように見える部下や心理的不調を抱えている部下がいても、上司は、つい「少し様子を見て……」と思ってしまいがちです。しかし、他人が気づくよりも早い時期に、本人には心理的問題が発生しているのですから、周囲の者が気づいた段階では、すでに長い時間が経っているかもしれません。時間が経過すれば、それだけ症状が悪化したり長期化したり、あるいは治療が手遅れになったりする危険性が高まります。

スキル①とスキル②、いずれも「すぐに」と、迅速さを強調しています。上司が「様子がおかしいな……」と感じたら、その時点ですぐに部下の話を聴き、専門家に相談するべきです。業務上の理由があっても（たとえば納期が迫っているなど）、上司は、迅速に対応しましょう。

スキル❸部下を仕事からいったん引き離す

藤田さんの例の場合、もし上司が、「このプロジェクトの責任者をやり遂げることは藤田さんのキャリアアップにつながるのだから、藤田さんを励まして支えてあげて、仕事を続けさせよう」と判断したら、どのようなことが起こったでしょうか。

職場ストレスから生じる心理的問題は、8章で説明したように、基本的には、職場ストレッサーへの対処の失敗から生じるものです（図9で、もう一度、確認してください）。部下が職場ストレッサーを抱えたままの状態で仕事を続けさせることは、問題解決を先送りしてしまうことになります。すると、ストレスの原因がさらにひどくなったり、対処の機会を逸したりする恐れがあります。そうなれば部下の憂うつ感が悪化して、仕事そのものに取り組む心理的エネルギーが枯渇してしまいます。また、当人が誤った対処を繰り返していれば、職場ストレスは増悪します。

藤田さんの場合、「希死念慮」を口にしていましたから、最悪の場合は、自殺の決行という事態が起こったかもしれません。そのようなことになれば、大切な部下を失うだけでなく、上司としての対応の責任が問われることになります。

上司として、部下をいくら励まし支えてあげても、仕事を続けさせることは、誤ったやり方のままで無理やり仕事をやらせることになります。「上司は、部下の不調に気づいていたにも関わらず、何も手を打たなかった」と指摘されるかもしれません。部下の心身に取返しのつかない問題が起こったときには、「安全配慮義務」不履行の責任を問われたり、訴訟の問題に発展したりする恐れがあります。

そこで、スキル③は、「部下を仕事からいったん引き離す」です。上司には、不調を訴えている部下をストレッサーからいったん引き離す対応が求められます。

近年の業務の効率化やＩＴ化の流れの中では、上司も部下も、自分たちでは気がつかないままに、業務の密度が高い状況の中で仕事をしています。たとえば、以前は、仕事は主に職場でするものでしたが、近年は各種のモバイル機器が発達したために、出先でも自宅でも仕事ができる環境にあります。インターネットの普及によって、場所や時間を問わずに、職場にいるのと同じ情報を手にすることができます。この便利さは、場所や時間を問わずに仕事をし続けてしまう恐れがあることを意味します。

上司も部下もこのような状況の中で働いていることを思い出して、もし不調を訴える部下がいたら、上司は迷うことなく部下を仕事からいったん引き離しましょう。

スキル❹部下に専門家に相談するよう勧める

スキル②は、上司として「専門家にすぐに相談する」でした。このスキル②は、藤田さんの事例のように、ストレスを抱えていることが本人の口から語られ、しかも重症である場合には、是非とも実行する必要があります。

これに対して、ここで取り上げるスキル④は、藤田さんの例ほど重症ではないものの、部下が心の不調を抱えていることを知った場合、または、部下が心の不調を抱えているのではないかと疑われる場合の対応スキルです。上司として、部下に専門家に相談するよう勧めましょう。

具体的には「ストレスが溜まっているんじゃないか。一度、専門家に相談したほうがいいよ」などと言うとともに、社内の相談機関、あるいは社外の相談機関の名前を具体的にあげます。部下との話の流れによっては、部下の同意を得たうえで、スキル②と同様、部下の目の前で、相談機関に予約の電話を入れてあげます。

このように勧めても、部下の中には躊躇を口にする者もいるでしょう。そのようなときは、身体的不調を指摘することが有効です。たいていの人は、精神的不調を指摘されるよりも、身体的不調を指摘されるほうが受け入れやすいからです。「顔色が悪いぞ」「胃腸の疲れは大丈夫か」などと言って、身体的不調を医師に診てもらうよう勧めます。心身症の増加を背景に、最近は、内科のクリニックでも、職業性ストレスの問題に精通している医師がいます。とりあえず内科でもかまわないので医師への受診を勧めましょう。

10-2 部下の変調に気づくためのスキル

部下が職場ストレスを抱えていることを知ったときの対応スキルについて述べましたが、部下がいつも自分から「私は最近おかしいのです」と言い出すとは限りません。部下が言い出す前に、上司として部下の調子が悪いことに気づくことが求められます。

部下の様子をみていて「おや？　おかしいな？」というふうに感じることを、専門用語では「事例性への気づき」と呼んでいます。事例性への気づきとは、いつもと違うことが起こっていると気づくことです。たとえば、「勤務状況が悪くなった」「仕事がいいかげんになった」「上司の命令に従わない」「周囲とのトラブルが多い」など、部下が実際に示す客観的事実に気づくことです。

「上司なら、部下の様子の変化にすぐ気づくはずだ」と言われてしまうことがありますが、意図して部下の様子をみないと簡単には気づきにくいものです。事例性に気づくためには、日ごろから、6章で紹介した「心の距離を縮めるオープンマインド・スキル」を実行しましょう。そのうえでさらに、次のスキルを活用します。

スキル❶周囲の人の平均的態度からのズレをみる

当該の部下と、同じ条件の別の人たちとを比べてみて、何かズレがないかどうかかみてみましょう。周囲の人たちの「平均像からのズレ」をみるというスキルです。

たとえば、部下の後藤さんのことは、後藤さんと同期入社で、同じような業務を担当していて、同じような案件の書類を任せている人が複数いれば、その人たちと比べてズレがないかどうか確認できます。ほかの人たちはできているのに、後藤さんだけ、書類作成が期日に間に合わなかったり、極端に質の悪い内容になっていたりしていれば、「後藤君、どうかしたのかな?」と気づくことができます。

中規模以上の企業なら、当該の部下と比べることができる、同じような業務を抱えた人が周囲にいることが多いでしょうから、このスキルが使えます。

ただし、小さな企業や小さな部署なら、比較対象となる同僚がいるとは限りません。そのようなときは、次のスキルが使えます。

スキル❷本人のこれまでの態度からのズレをみる

当該の部下のこれまでの態度を思い出して、それと、最近の態度とを比較して何かズレがないかみてみましょう。それまでのその人の「平均的態度からのズレ」をみるというスキルです。

たとえば、この一年間、勤務日には毎朝規則正しく八時一五分に出社していた上野さんが、今週になってから八時四五分に出社することが時々ある、というような変化が起これば、「あれ上野さん、何かあったのかな?」と気づくことができます。

ただし、このスキルを使うためには、部下のそれまでの態度について、情報を蓄積しておく必要があります。情報を蓄積するというと大袈裟ですが、部下の日ごろの様子で気づいたこと、気になったことを記録しておくとよいでしょう。簡単なメモでかまいませんが、ポイントが二つあります。

一つは、最低限、日付を入れておくことです。一般には、時刻まで書く必要はありませんが、一日のうちに何回も起こる出来事の場合には、時刻も記録しておきます。日付や時刻を記録しておくのは、いつの出来事なのかが、あとで客観的に分かるからです。二つ目は、事実のみを記録しておくことです。部下についての評価（「また遅刻をして仕方のない奴だ」など）や部下に対する感情（「また遅刻をして許せない」など）は書かず、事実だけ（「遅刻をした」）を書いておきます。あとでメモを読み返したときに、必要以上に評価や感情の言葉に影響を受けないためです。事実に基づいて部下の変調に気づく必要があります。たとえば「最近、遅刻が多い」ではなく、「ここ一カ月で遅刻が八回あった」というように、事実に基づくことが重要です。

スキル❸月曜日の職務に注目する

職場ストレスを強く感じて、ストレス反応が積もり積もって憂うつな気分になっている人の中には、仕事から解放される週末や休日には、不調感が高まらず、穏やかな日常を送ることができる人がいます。〝仕事中だけうつになる人たち〟です。

このような人たちは、休日が終わりにさしかかってくると、次の日からの仕事のことが徐々に頭の中を支配するようになり、早い人では日曜の午後くらいから憂うつな気分に苛まれ始めます。

こんな気分で休み明けの月曜日の朝を迎えるわけですから、前日もよく眠れなかったり、朝早く目覚めてしまったりと、調子が悪い感じを抱えながら、出社時間を迎えます。ブルー・マンデー症候群（月曜病）です。このような状態が勤怠につながります。

ほかの勤務曜日と比べて月曜の遅刻が多い。月曜の朝に電話をかけてきて「きょうは体調が優れないので休暇を取ります……」と言うことが多い。このようなことがないかどうかがチェックポイントになります。

タイムカードの記録をたどって勤怠を確認すれば、月曜日の変調に気づくことができます。職務の遂行状況についても同様に、業績やパフォーマンスが、月曜日に落ちていないか注目しましょう。

スキル❹調子が悪そうな部下に直接尋ねる

これまで述べてきたスキル①からスキル③を実践した結果、調子が悪いのかもしれないと思う部下がいたら、または、スキル①からスキル③を実践しなくても、見るからに調子が悪そうな部下がいたら、こちらから声をかけて、直接、様子を尋ねましょう。

その際に注意すべきことは、部下が答えやすい場所を設定することです。話を聴く場所と座る位置については、すでに「部下がストレスを抱えているのを知ったときの対応スキル」のスキル①「部下の話をすぐに聴く」の中で述べました。基本は、二人だけになれる場所を選ぶことです。その場所が、会議室のようなところであっても廊下であっても、職場の外であってもかまいません。また、当該の部下をあらたまって呼び出してもよいですし、たまたま二人だけになったときに話を切り出してもよいでしょう。

調子の悪そうな部下に直接、様子を尋ねるときは、「調子が悪そうに見えるけれど、大丈夫?」などと、単刀直入に質問をします。そう言われて、すぐに正直に答える部下もいますが、「何でもありません」と否定する部下もいるでしょう。上司に対して信頼感をもっていない部下なら警戒するかもしれません。

スキル②「本人のこれまでの態度からのズレをみる」や、スキル③「月曜日の職務に注目する」を実践して、何か客観的な事実があれば、たとえば「ここ半年で月曜日ばかり遅刻が八回あった」などという事実を部下に示して、重ねて「調子が悪いんじゃないか?」と尋ねてもよいでしょう。

ただし、深追いする必要はありません。調子が悪そうな部下に直接、様子を尋ねる目的は、部下から正直なところを聞き出すことではありません。目的は、調子の悪そうな部下に、上司として「心配している」「気にかけている」というメッセージを送ること、そして、部下に、話をする機会を与えることです。メッセージを送り、話す機会を与えることが目的ですから、聞き出すことに力点を置く必要はありません。部下が話したがらないようなら、「調子が悪そうに見えたので声をかけた。何かあったらいつでも話してほしい」という主旨のことを言って、話を切り上げましょう。

逆に、部下に尋ねた結果、部下が、実際に調子が悪いことを告げた場合は、すでに述べた「部下がストレスを抱えているのを知ったときの対応スキル」を実行します。つまり、まずはスキル④「部下に専門家に相談するよう勧める」を実行しましょう。部下の様子が、思った以上に重症であるならば、スキル②「専門家にすぐに相談する」とスキル③「部下を仕事からいったん引き離す」も実践してください。上司の立場で、部下が抱えている問題の解決にすぐに貢献できるのは、スキル③の実行です。

部下に様子を尋ねて、部下から心や体の不調を聞かされると、上司の中には、何とか解決しようする人がいます。しかし、職場ストレッサーは、仕事の内容や職務と密接に関わっていますから、上司自身がそのストレッサーの一因や遠因になっている可能性もあります。上司が自分で解決しようとせずに、「専門家にすぐに相談する」（スキル②）を実行しましょう。

なお、部下に様子を尋ねた結果、部下が話し始めたら、2章で紹介した「思いを受け容れる傾聴スキル」を使います。スキル②「『とにかく聴こう』と自分に言い聞かせる」からスキル⑥「話題に関連した質問をする」までを実行し、最後に、「共感の言葉を発する」（スキル⑦）ことを実行します。

上司の中には、共感を示そうとして、あるいは元気のない部下を励まそうとして、〝安易な元気づけ〟をしてしまう人がいます。たとえば、「気にしすぎだよ」「考えすぎだよ」「前向きに考えよう」などと言ってしまいます。このような言い方は、善意から発していて一見、適切な言い方に聞こえますが、そうではないことは、すでに2章「思いを受け容れる傾聴スキル」のスキル②「『とにかく聴こう』と自分に言い聞かせる」や、4章の「人を支えるバックアップ・スキル」のスキル③「傾聴スキルで感情に寄り添う」、6章「心の距離を縮めるオープンマインド・スキル」のスキル①「こちらから先に声をかける」の中で、繰返し述べてきました。要するに、このような安易な元気づけは、部下のことを思っている言葉のように聞こえますが、「（あなたは）気にしすぎだ」「（あなたは）考えすぎだ」「（あなたは）前向きに考えよう」、と、いずれも「あなたメッセージ」になっているために、部下の感情を否定し、問題の原因が部下の考え方にあることを伝えてしまいます。すると、部下を励ますことにならないばかりか、部下を、「自分がくよくよ考えるのが悪いのか……」「前向きになれない自分がダメなのか……」「やっぱり誰も私の気持ちを分かってはくれないんだなあ……」と、さらに追い詰めることになります。

上司としては、〝安易な元気づけ〟を口にするのではなく、「気持ちはよく分かるよ」「それはつらいね」「なるほど、大変な思いをしているね」などと共感を示す言葉を口にしましょう。

10-3 職場の環境を改善するスキル

これまで、部下が職場ストレスを抱えていることを知ったときの、上司としての対応スキルについて述べてきました。また、部下の変調に気づくためのスキルについても述べてきましたが、職場にストレスを感じている部下がいるとしたら、職場環境がストレッサーになっている恐れがあります。上司には、職場の環境を改善する義務があります。
職場の環境を改善するには、少なくとも次にあげるスキルを実行しましょう。

スキル❶お互いが支援し合うよう促す

職場ストレスに対して、従来の考えでは、ストレスを感じている当人が主体的に対処すべきだという「セルフケア」が強調されてきました。そのため、当人が自分でストレスの低減を図ることが求められ、困っている場合も当人自らが、ほかの人に「助けてほしい」と言い出すべきだと考えられているきらいがあります。しかし、心が折れかかっている人が、残っているエネルギーを絞り出して助けを求めるのは容易なことではありません。

他方で、職場ストレッサーが本格的なストレス反応になるかどうかは、「周囲からの支援」次第であることは、8章の図9で示した通りです。職場ストレッサーがあっても「周囲からの支援」があれば、ストレッサーへの対処に成功して、健康的な勤務を続けることができます。

そこで、上司としては、ストレスを感じている当人が「助けて」と言い出す前に、お互いに支え合う職場環境を整えておくことが重要になります。

そのためには日ごろから、一種の業務命令のように、「遠藤さんの仕事が遅れているようだから、小野さんが手伝ってあげてください」などと言って、部下同士が支援し合って仕事をこなすように部下を促します。仕事のミスが見つかったような場合でも、当人だけに責任を取らせるやり方はやめて、周囲の者が力を合わせてミスをカバーするよう、上司として促します。残業時間での仕事も、部下を一人にはせず、別の部下が必ず支援するよう、上司として促します。

このように、上司として複数の部下に働きかけて、お互いが支援するよう促し続けると、職場全体が、「助け合うのが当然」という雰囲気になります。職場の雰囲気がそうなれば、助けを必要とする人は気軽に「助けて」と言い出しやすくなります。

なお、ほかの人を支援するバックアップ・スキルについては4章を参照してください。

スキル❷職場環境について話し合いをする

職場は、言うまでもなく、上司と部下で成り立っています。ですから職場環境は、上司一人の力では改善できません。部下に働きかけて、職場環境を改善するための話し合いを実行します。定例の職場ミーティングなどを利用するとよいでしょう。

話し合いの基本的な流れは、5章で示した問題解決の基本ステップに沿って行います。つまり、「問題点の明確化」「解決策の案出」「解決策の決定と実行の確認」のステップを経て、解決策を実行し、「成果の確認」に至るという四つのステップに沿って、話し合うのです（詳しくは5章を読んでください）。以下では、職場環境についての話し合いに特化して、簡単に説明します。

(1)問題点の明確化

まず、話し合いの参加者が、職場環境について感じていることを出し合います。職場環境の問題には、部屋の広さや明るさ、机の配置などの物理的な問題もあれば、残業時間や勤務形態など、組織が抱える問題もありますし、さらには部下同士の争いや、部下にとっての上司の言動の問題など、人間関係の問題もあります。

このような問題のうち、今回は何が解決すべき問題なのか、問題点を絞ります。どのような問題であっても、話し合いの参加者が、問題点を共有すること、言い換えれば、何が問題になっているのかを参加者全員が理解することが出発点になります。一回の話し合いで取り上げる問題点を、できるだけ具体的に絞り込むことがポイントです。

ただし、職場の人間関係に関する問題である場合は、話し合いの問題点としてあがってこないかもしれません。なぜなら、加害者と被害者が話し合いの席に同席していることもありうるからです。上司として、職場内の人間関係の問題が起こっていることを知っていても、部下から話し合いの席上で取り上げてほしいという要望がない限りは、無理に取り上げないほうがよいでしょう。この点に関しては、次のスキル③で言及します。

(2)解決策の案出

話し合うべき問題点が絞れたら、その問題点を解決できそうな案をできるだけ数多く出し合います。まずは、できるだけ数多くの解決策を出すことをめざします。どのような案も否定せずに認め合います。すぐに実行できない解決策であっても捨てないで、中期的課題、長期的課題というように整理して、後日の話し合いで再び検討してみるとよいでしょう。

解決策を考え出すときに、同じ会社内の別の部署や、社外の好事例が参考になることもあります。上司として、そのような例があれば、あらかじめ用意しておいて、話し合いの場で紹介します。

このステップで、解決策を数多く出すことは重要なことですが、話し合いの時間をだらだらと長引かせることは得策ではありません。話し合いの様子を見て、解決策が出ないようであれば、話し合いは打ち切りましょう。あるいは、あらかじめ話し合いの冒頭で、「きょうの話し合いは三〇分間だけ」と明言しておくとよいでしょう。

解決策が出ないうちに話し合いを止めてしまってよいのかという懸念があるかもしれませんが、あとでも述べるように、話し合いは解決策を出すことが目的ではありません。話し合いの場をもって、解決策について参加者で話し合うこと自体に意義があります。解決策を考え出すことにこだわる必要はありません。

もし必要だと思えば、一〜二週間程度間隔を置いて、再度、話し合いの時間を設けて、解決策がないか話し合います。

(3)解決策の決定と実行の確認

複数の解決策があがったら、話し合いで、その中から、現実的で即効性のある解決策を一つ選びます。根本的な解決策でなくても、職場環境を整えるために、すぐに実行できる解決策を選ぶようにします。

解決策が一つに決まったら、それを、いつ、どこで、どのように実行するのか、具体的なことを話し合いで決めます。

(4)成果の確認

次の話し合いの機会に、実行した解決策がどのような効果を生んでいるか確認し合います。解決策の実行が途中であるならば、話し合いの中で、途中経過の報告をしてもよいでしょう。

一つの解決策を実行しても問題は解決していないでしょうから、次に何をすべきか、何が問題点か、再びステップ①に戻って話し合いを継続します。

このような話し合いの中で発揮されるべきスキルは、5章で紹介した「チーム力を高める話し合いスキル」のスキル①「体を使って関心があることを示す」から、スキル⑨「先に譲歩してみせる」までの九つのスキルです。

ところで、このような話し合いで、良い解決策を見つけ出し、職場環境を実際に改善していくことは大切なことですが、このような話し合いの真の意義は、部下に安心感を与えることにあります。部下が、職場環境について不平や不満をもっても、「自分の職場には、自分も意見を言えて、改善が行われる態勢ができている」と思えれば、安心することができます。このような安心感は、それだけでストレスを減らす効果があります。このために、上司は、定期的に職場環境の改善について話し合う機会を作る必要があるのです。

また、このような話し合いを繰り返せば、部下一人ひとりが「自分も職場環境に影響する人的資源である」という認識をもてるようになります。このような認識は、部下同士の、また部下と上司の間のコミュニケーションを活発にします。そのことが職場ストレッサーを減らすことにつながります。

スキル❸部下同士の争いについて知っておく

部下同士の争いは、たとえ二人の間だけの争いでも、職場全体の雰囲気を暗くしたり緊張の高いものにしたりします。二人だけの争いに、部下全体が巻き込まれたり、それぞれに味方が付いて、一つの職場が二つのグループに分かれたりする恐れもあります。こうなると部下同士の争いは、当人達はもちろん、ほかの部下にとっても職場ストレッサーだと言えます。上司として、職場環境を整える観点から何らかの対応をすることが求められます。

部下同士が争っているのを知ったときに、一方もしくは両者を、異動や配置転換することが容易であるならば、それを実行すべきです。争っている者同士を物理的に引き離すのがもっとも有効な対策だからです。

しかし、異動や配置転換は容易なことではありません。そもそも職場の人間関係は、友人関係や恋人関係のように、自分の意思で相手を選んだり相手との関係を切ったりすることはできません。ある職場に配属されたら、そこにすでに年齢が上の人や下の人、同性や異性が、同僚として、あるいは上司や部下として存在していたというのが職場の人間関係のあり方です。職場の人間関係は、いわば〝天〟から与えられたものであり、上司であっても、簡単には動かせないところに特徴があります。

物理的に両者を引き離せない状況の中で、上司がたとえ中立的な立場で介入しても、争っている部下の一方や両方に不満が残り、しかもその不満を抱えたまま、両者は同じ職場の中で働き続けなければなりません。

部下同士の争いは、一般には上司は気づきにくいものです。部下は、自分たちが争っていることを、上司には知られないようにしますし、職務に直接関わらない限り、上司に報告する義務もないからです。したがって上司が、部下同士の争いがあることを知った時点では、その争いは軽微なものではないはずです。根が深かったり、長年続いていたりする争いです。そのような問題に、上司が介入を試みても、うまく解決する可能性は低いと思ったほうがよいでしょう。

そこで、部下同士の争いに関しては、上司としては表だって動かないことです。部下同士の争いがあることを知っても、対応すべき状況が生じるまでは、〝知っておく〟だけにとどめます。

これを基本としたうえで、対応すべき状況が生じたときは、上司として対処します。対応すべき状況とは、部下同士の争いが、職務に実際の支障をもたらした場合と、争っている部下から直接、相談された場合です。以下に、それぞれの場合のスキルを説明します。

スキル❹部下同士の争いを職場の問題として取り上げる

部下同士の争いが、職務の遂行に支障を来し、問題を引き起こした場合は、職場の問題として取り上げることを部下全員に向かって宣言します。宣言と言うと大袈裟ですが、職場ミーティングなどの冒頭で「きょうは、皆さんの間で起こっている問題が原因で職務に支障が出ていることについて話し合いたいと思います」などと言えばよいと思います。そのとき、「部下同士の争いをわざわざ取り上げるのは、たとえ一部の人の争いであっても職務に支障が発生して、今や職場の問題になったからだ」と、理由をはっきり示します。

このあとの話し合いは、すでに述べたスキル②「職場環境について話し合いをする」の「(1)問題点の明確化」「(2)解決策の案出」「(3)解決策の決定と実行の確認」「(4)成果の確認」を実行しますが、重要なポイントは、「(1)問題点の明確化」の段階において、部下同士の争いそのものを解決すべき問題点にしないことです。そして「(2)解決策の案出」の段階で、話し合って出し合う解決策は、部下同士の争いの解決策ではなく、あくまで、生じた支障や職務上の問題の解決策に絞ることです。

この解決策を出し合う過程で、部下同士の争いが、職場にどのような問題を引き起こしているのか、職場として何が問題なのかを明らかにします。話し合いで、部下同士の争いを原因として扱うのですが、それを解決すべき問題点とはしないのです。これは微妙な区別ですので、上司が意志をもって、話し合いをリードする必要があります。また、争っている当事者の責任を追及したり攻撃したりすることがないよう、リードすることも必要です。

たとえば、部下の小川さんと岡田さんがいがみ合っていることが職務に支障を来しているとすれば、「小川さんと岡田さんが協力し合わなかったので、納期に遅れてしまいました。今後、納期に遅れないようにするにはどうしたらよいか考えましょう」と発言して、解決すべき問題点を提示します。話し合いをリードするために、話し合いの途中でも、繰返し「今後、納期に遅れないようにするにはどうしたらよいか考えましょう」と、解決すべき問題点を明示します。また、「小川さんは先輩なのに岡田さんの仕事のペースを考えてあげなかったからだ」などと、個人の過去の行為を責めるような発言が出たら、「小川さんは先輩だから、今後は岡田さんの仕事のペースを考えるとよいということですか」と、未来志向の提案の形に言い換えてリードします。

このような話し合いにおいて、争っている当事者達が、言い訳や申し開きをすることがあります。時間が許すならば、当事者にそれぞれ発言の機会を与え（場合によっては、一方の当事者が発言する間だけ、他方の当事者に席は外させて）、何が起こっているのかを職場全員で事情を共有します。このようなときも、言い分は聞いたうえで、解決すべき問題点は職務上のことであることを繰り返して話し合いをリードしたり、未来志向の提案の形に言い換えてリードしたりします。

このような話し合いの真の目的は、問題点の解決ではありません。部下同士の争いが職務に支障を来していることを、当事者達とほかの部下全員に知ってもらい、それについて考えてもらうことが目的です。問題点の解決策が決まらなくても、つまり、スキル②「職場環境について話し合いをする」の「(3)解決策の決定と実行の確認」ができなくても、「(2)解決策の案出」について話し合うこと自体が意味をもちます。

スキル❺争いの当事者の相談に乗る

部下同士の争いの当事者の一方から直接、相談された場合は、この章の最初で述べた「部下がストレスを抱えているのを知ったときの対応スキル」を実行します。とくにスキル①「部下の話をすぐに聴く」は必ず実行します。その結果、部下の話の内容が深刻で、上司として対応できないと思ったら、スキル②「専門家にすぐに相談する」や、スキル④「部下に専門家に相談するよう勧める」を実行します。ここでの「専門家」の中には、人事部の人、別の部署の人、社外の知人や先輩なども含みます。

上司という立場でスキル③「部下を仕事からいったん引き離す」ことが可能ならば、これを実行します。しかし、すでに述べたように、異動や配置転換は容易なことではありません。そこで、上司として部下に仕事を任せるときに、争っている部下同士を組ませない、部下同士の座る席をできるだけ離すなど、ささいなことでも二人を引き離すことを実行します。

なお、部下同士の争いの中には、上司としての責任が問われるものもあります。セクシャルハラスメントなどのハラスメント問題は、その典型例です。この種の問題が起こった場合には、一定の手続きに則って問題の解決を図りましょう。

11章　ソーシャルスキルを高めるために

11-1 上司が部下のソーシャルスキルを高める

ソーシャルスキルは、本来は子どもの頃から、家庭での親やきょうだいとのふれあいの中で、あるいは学校での友達とのつき合いの中で、いつの間にか〝自然に〟身につけるものです。ところが、若い世代ほど、家庭や学校で〝自然に〟ソーシャルスキルを身につける機会が少ないと言われています。きょうだいの数が減ったり、放課後の子ども同士の遊びが変化したり、社会全体がバーチャル化したりしたせいでしょう。

自然にソーシャルスキルを身につけられなかった世代が職場の中で多数を占めていれば、上司の立場からすると、部下の中には、同僚や顧客とのやり取りの仕方に、「これはまずいな」と思う人たちがいるかもしれません。そのような人たちに対しては、会社が組織的にソーシャルスキル・トレーニングのプログラムを組むのが理想的な対応です。

しかし、プログラムを組んで研修を実施するのは容易なことではありません。そのような研修プログラムを実施する時間も経費もないというのが現実でしょう。

そこで上司は、そのような体系的なプログラムに代わって、日常的な部下との関わりの中で、部下に〝自然に〟ソーシャルスキルを身につけさせるような関わり方をするとよいでしょう。特別にトレーニング・プログラムを組むのではなく、日々の仕事での部下とのやり取りを通じて、部下に一定のスキルを身につけさせるのです。これは、オン・ザ・ジョブ・トレーニング（ＯＪＴ）の発想です。

部下との関わりを一種のトレーニングだと意識するのですが、そのためには、体系的なトレーニング・プログラムの流れを知っておくと便利です。ソーシャルスキル・トレーニングでは通常、次にあげる五つのステップでトレーニング・プログラムを組みます。

(1) 教　示

トレーナーは、ある具体的なスキルを一つ取り上げて、それについて説明し、それがトレーニングを受ける人に、どの程度、どのように不足しているのかを説明します。

そのうえで、どうすればそのスキルを身につけることができるか、また、身につけると、どのようなメリットが生じるか説明します。とくに、身につけたときのメリットを強調して、希望を与えるようにします。

(2)モデリング

トレーナーは、トレーニングを受ける人に、身につけさせたいスキルのモデル（手本）を見せます。モデルは、トレーナー自身がなることもありますし、同じ組織の先輩や上司など身近な人物をあげたり、小説や映画などの登場人物をあげたりすることもあります。モデルの示し方は、トレーナーが実際にそのスキルをやって見せたり、スキルを実行できているモデルを連れてきて実際にやってもらったりするほか、モデルとなる人の写真や動画を使うこともあります。いずれの場合も、トレーニングを受ける人に、モデルの言葉や動きをよく観察させ、マネさせます。

(3)リハーサル

トレーナーは、教示やモデリングで示したスキルを、トレーニングを受ける人に、実際にその場で練習させます。発言内容や身振り手振りなども繰返し反復練習させます。トレーナーが、上司や同僚や部下の「役」になり、ロールプレイの手法を使うこともあります。トレーニングを受ける人が、うまくできないときは「教示」や「モデリング」を繰り返します。

(4)フィードバック

トレーナーは、トレーニングを受ける人がリハーサルや、実際の職場で実行したスキルが適切ならば誉めます。不適切な場合には、どのようにしたらよいか教えるために、もう一度「教示」「モデリング」に戻ったり「リハーサル」を繰り返したりします。

(5)般　化

トレーナーは、トレーニングを受ける人に、リハーサルしたスキルを実際に職場で使ってみるように促します。実際にスキルを使ってみた結果が良ければ、次の新たなスキルに移りますし、結果が芳しくなければ、同じスキルをもう一度取り上げます。いずれにしてもトレーニングは最初の「教示」に戻り、それ以降の「モデリング」「リハーサル」「フィードバック」を繰り返します。

このようなトレーニング・プログラムの流れは、実は、上司が部下に一つの仕事を教える際に、何気なく行っていることと同じです。上司が部下に、ある仕事の方法を教えようとするときは、まずは口頭で説明し（教示）、次いで実際のやり方を見せて（モデリング）、そのあと部下に実際にやらせてみて（リハーサル）、良い点は誉めて、まだ、できていない点や不足している点については指摘してあげる（フィードバック）はずです。そして部下が一人でできるようになったら、さまざまな場面で実行させる（般化）のではないでしょうか。

このようにソーシャルスキル・トレーニングのプログラムの流れは、上司が部下に仕事を教えるときと同じ流れですので、特別なことではありません。今後は、「教示」－「モデリング」－「リハーサル」－「フィードバック」－「般化」という流れを意識しながら、部下との日常的な対応を実践してください。

具体的にどうすればよいかは、先にあげた「(1)教示」から「(5)般化」までの説明の中の「トレーナー」という言葉を「上司」に、「トレーニングを受ける人」という言葉を「部下」に置き換えて、もう一度、読み直してみてください。これが、上司が部下に対する具体的な対応です。

たとえば、上司は、部下に、あるスキルを身につけたときのメリットを強調して、希望を与えます（教示）。そのうえで、実際にそのスキルをやって見せ、部下にその言葉や動きをよく観察させ、マネさせます（モデリング）。その場で練習させたり（リハーサル）、実際に使ってみることを勧めたり（般化）します。そして部下が、うまくできたら誉めてあげましょう（フィードバック）。要するに上司として「今、自分はこの部下にモデリングをしているのだ」とか、「自分はこの部下にリハーサルをさせているのだ」というように意識しながら、部下に対応するのです。そうすれば、それは立派なソーシャルスキル・トレーニングになります。

なお、旧日本海軍の連合艦隊司令長官の山本五十六は、部下を率いるうえでの心構えとして、「やってみせ　言って聞かせて　させてみて　ほめてやらねば　人は動かじ」という言葉を残しているそうです。この言葉は、ビジネス書で、上司の心得としてしばしば引用される言葉ですが、この言葉は、ソーシャルスキル・トレーニングのプログラムの流れに対応しています。つまり、「やってみせる（モデリング）」「言って聞かせる（教示）」「させてみる（リハーサル）」「誉めてやる（フィードバック）」という条件が、部下にソーシャルスキルを身につけさせるために必要だということです。

11-2 部下が自分のソーシャルスキルを磨く

ソーシャルスキルは、人との関わり方に関する技術ですから、誰でも練習すれば、自らのソーシャルスキルを一定程度まで高めることができます。ソーシャルスキルは、1章の図1で説明したように、「スキルについて知る」、それを「繰返し練習する」、「実際に使ってみる」そして、「振り返って調整する」ことで身につきますが、とくに練習を重ねることが大切です。

この点は、1章でも述べたように、自転車や自動車の運転、楽器の演奏、スポーツなどとまったく同じです。毎日、繰返し練習を重ねて少しずつ上達していくと、やがて、体が自然に動くようになります。ソーシャルスキルを身につけたり、上達させたりするためには、毎日、繰返し練習することです。

ただし、やみくもに練習するよりも、以下に述べるような、ソーシャルスキルの練習の仕方を実践したほうが、効率的に、しかも的確に身につきます。

1　人の言うことに耳を傾ける

会社や組織の中で働いていると、上司や先輩が、仕事の進め方について助言をしてくれることがあります。そのような助言の中には、人間関係に関わる内容も含まれているはずです。たとえば「お得意様の所に行ったら、まずは大きな声であいさつをしろ」などという助言です。

このような助言には、素直な気持ちで耳を傾けましょう。上司や先輩が経験から会得した知恵や工夫やコツが含まれているからです。実行するかどうかは次の段階で決めることにしておいて、上司や先輩が助言めいたことを言ってくれたら、「ありがたいことだ」と思って、とにかく耳を傾けましょう。

助言なら耳を傾けやすいでしょうが、批判や非難をされると耳をふさぎたくなります。こちらがやったことに対して上司や先輩から批判や非難をされれば、反発や反抗の気持ち、怒りや憎しみもわいてくるかもしれません。

このようなときは、2章で紹介した「思いを受け容れる傾聴スキル」のスキル②「『とにかく聴こう』と自分に言い聞かせる」を実行します。つまり、あらかじめセリフを決めておいて、そのセリフを頭の中で繰り返す自己会話を実行しましょう。セリフは、ソーシャルスキルを学ぶチャンスだという意味で「チャンスだ、チャンスだ」などがよいかもしれません。上司や先輩からの批判や非難が始まったら、このセリフを頭の中で繰り返して自分に言い聞かせます。怒りの気持ちが強いときならば、「落ち着け、落ち着け」と頭の中で自分に言い聞かせて、自己会話の鎮静効果をねらうのもよいでしょう。

こうして、気持ちを落ち着けたうえで、批判や非難の最中は聴き手に徹して、反論や言い訳をしないことです。批判や非難の最中に反論や言い訳をすると、まさに火に油を注ぐことになるからです。相手の批判や非難の最中に反論をしないことは、相手の言うことを認めることではありません。むしろ、あとで的確に反論するために、相手の言うことをしっかり聞きとる作業です。

こうして批判や非難に耳を傾けると、それらの批判や非難の中にも、ソーシャルスキルの観点からして意味のある意見が含まれていることに気づくことがあります。

上司や先輩からの助言、あるいは批判や非難に耳を傾けた結果、自分のソーシャルスキルとして取り入れたほうがよいと思うものがあれば、積極的に取り入れましょう。

2　お手本を決めてマネをする

十分な知識や技能がないまま会社に入ってしまった人が、たまたま面倒見のよい上司にめぐり合えて、職業人として成長したというような話を、耳にすることがあると思います。ソーシャルスキルを磨くために、このような話で生じていることを、自らの意志で意識的に起こしていくやり方もあります。つまり、「たまたま面倒見のよい上司にめぐり合う」のではなく、自分から、お手本（モデル）となる上司を見つけ出すのです。

残念ながら、「自分の直属の上司にはお手本となるような人はいない」ということもあるでしょう。そのようなときは、直属の上司でなくてもいっこうにかまいません。隣の部署の上司でも、別の会社の上司でも、さらには、「職業人としてこの人のようになりたい」とか、「仕事人とはこの人のような人のことだ」などと、尊敬できる点があれば、同僚でも後輩でもかまいません。誰か一人、具体的な人を決めてください。

決めるときのコツは、必ずしも全人格的に理想的な人物を選ばないことです。そのような人はなかなか存在しませんし、いたとしても、そのような人のレベルには簡単には到達することができません。自分の職種や部署に限定して、あるいは仕事の内容に限定してお手本となる人を探すのです。また、長期的なお手本ではなく、短期的な、あるいは当面のお手本のつもりで探すことです。

お手本となる人を決めたら、第一に、「この人がなぜ、自分にとってお手本なのか」を考えてみてください。たとえば、「部下に優しいから」とか「成果を必ず出す人だから」などの理由です。この理由が、そのまま、めざすべき当面の目標になります。たとえば、「部下に優しい上司になる」とか「成果を必ず出す人になる」という目標です。

第二に、この目標を意識しながら、お手本となる人の具体的な言動をよく観察してください。その人が、対人場面で、どのような表情をして、どのような身振り手振りをして、どのような言葉遣いで対応しているのか観察しましょう。

第三に、お手本となる人の行動を観察した結果を、自分でも実際にマネてみます。その人と同じような身振りや手振りをしながら、同じような言葉遣いをしてみてください。

お手本を選んで、その人の言動を観察して、それをマネることとは、前節で説明したソーシャルスキル・トレーニングの中核的な要素である「モデリング」を自発的に実践することになります。

3　スモールステップを踏む

お手本となる人が、対人関係を適切にこなしていることは分かっても、なぜ、そのやり方が効果的なのか分からないことがあります。たとえば、後輩から慕われ、上司からは頼りにされている先輩がいるとします。この先輩が対人関係を上手にこなしていることは分かりますが、この先輩の言動がなぜ、周りの人たちに受け入れられているのか分からないことがあります。

また、自分では、お手本となる人と同じように言動に配慮しているつもりなのに、効果が出ないことがあります。しかも、なぜ効果が出ないのか、どこが悪いのか分からないことがあります。

このようなときは、お手本となる人が、対人場面で実際に行っていることを、最初から最後まで書き出して、順番を付けてみます。相手に会うところから始まり、相手と離れるところまでの間に、何をし、どのような身振り手振りをして、何を話すのか、時間を追って一つひとつ、できるだけ細かく書き出してみるのです。

たとえば「さわやかなあいさつをする」とひと言で済ませるのではなく、「さわやか」の中身を、「相手に近づく」「目を見る」「相手に聞こえる声を出す」「『おはようございます』と言う」「頭を下げる」「再び相手を見る」「にこっと笑う」などと書き出してみるのです。

心理学用語に、「スモールステップ」という考え方があります。図11を見てください。図の左側のように、一つのステップでは目標が高すぎて到達することができないように見えても、図の右側のように、ステップを四つに分ければ、一つのステップの歩幅は小さくなります。四回、小さなステップを踏めば、左側と同じ高さの目標に達することができます。目標に到達するためには、その目標を細分化して、小さなステップに分けて、その小さなステップを踏むことを繰り返せば、やがて当初の目標に到達するのです。このスモールステップの考え方は、学習場面や心理療法の場面で応用されています。

ソーシャルスキルを身につけるときも、このスモールステップの考え方を採用します。最初から完成されたスキルをめざすのではなく、完成された形を、できるだけ細分化して、順番を付けてみます。こうすることで、お手本となる人の、何げなく見え

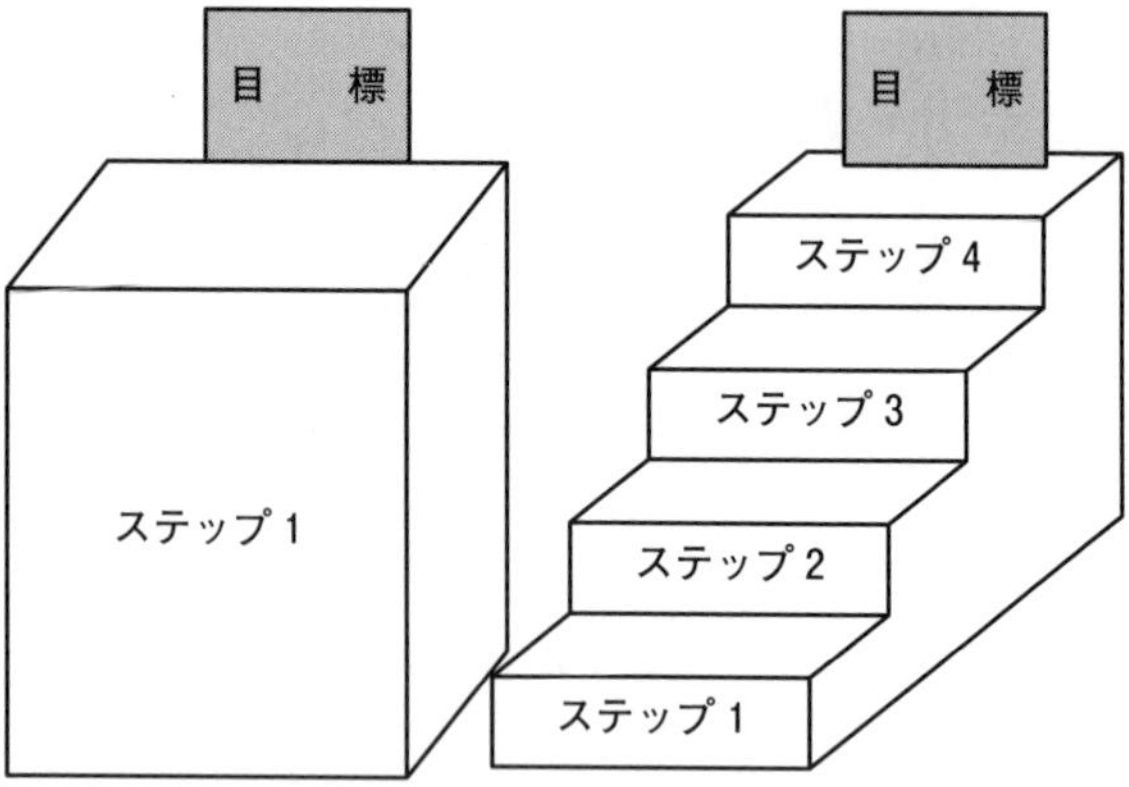

図 11　スモールステップ
ステップを細かくすれば高い目標にも到達できる。

ていた言動が、どのようなスモールステップで構成されているかが分かります。また、なぜ、その言動が効果を生むのかがピンポイントで分かります。こうすれば、自分はどのステップを身につければよいかも分かります。

ソーシャルスキルを実行してもうまくいかないときも、自分がどのような言動をしているのか、できるだけ細かく書き出してみるとよいでしょう。自分の言動をスモールステップに分けてみるのです。今まで一つのステップで済ませてうまくいかなかったことが、もっと細かいステップを踏めばうまくいくかもしれません。

4　意識してスキルを使う

上司や先輩などから使うように言われたスキル、自発的にお手本となる人をマネてみるスキル、あるいは、自分で考え出したスキル、いずれのスキルでも新しいスキルを身につけるには、最初は「スキルを使うぞ」と意識することが大切です。意識的にさまざまな場面で使ってみましょう。

実は、成人なら誰でもすでに数多くのソーシャルスキルを身につけています。ソーシャルスキルなしに、ほかの人と交わることはできないからです。ただし、たいていの人は、自分が対人場面で実行している言動が、ソーシャルスキルだとは意識していません。いつの間にか自然に身につけたやり方を無自覚に実行しています。たとえば「人の話を聴くときには、相手が言った言葉の一部を繰り返す」ということを実践していたとしても、それを傾聴スキルの反射だとは意識していません。

今後は、すでに身につけていたスキルも、この本によって新たに知ったスキルも、意識して使いましょう。「これはソーシャルスキルだ」「自分は今スキルを使っている」と意識して使うことが、ソーシャルスキルを磨くうえで非常に有効です。

意識してスキルを使うとは、スキルを使うときだけでなく、使ったあとも意識的であることを意味します。スキルを使った結果、自分の考え方や行動の仕方に何か肯定的な変化が起こっていないか、効果を意識してみましょう。たとえば、「今まではうまく伝えられなかった思いを言葉にできるようになった」「最近は怒りのままに反応せずに抑えられるようになった」「イヤな同僚に対する見方に余裕ができた」などの変化が起こっていないかどうか、自分に尋ねてみてください。

自分の変化だけでなく、スキルを使った結果、上司や部下や同僚、あるいは顧客にも何か肯定的な変化が起こっていないか、効果を意識しましょう。そのためには、ソーシャルスキルを使ったときに、周りの人達がどのような反応をするか、注意深く観察します。「何か変化は起こっていないだろうか」と意識して観てください。こちらがスキルを実行すれば、周りの人達に、必ず小さな変化が起こります。その変化に気づけば、さらにスキルを使ってみようという気持ちが高まります。

5　繰返し使ってみる

身につけたいソーシャルスキルは、何度も繰り返して使いましょう。時にはうまくできないこともあるでしょうが、諦めずに根気よく使ってみましょう。

実際に使ったスキルが良かったのか悪かったのかは、周りの人の反応で分かります。中には直接、口頭で何か指摘してくれる人もいるかもしれません。批判や非難の形かもしれませんが、すでに述べたように、非難や批判も貴重なフィードバックです。このフィードバックの情報を活かして、スキルを修正して、さらに使ってみましょう。

フィードバックは、インターネットを通じたバーチャルなコミュニケーションよりも、実際に対面したやり取りで受けとったほうが、強い効果を発揮します。実体のあるコミュニケーションの機会をもつようにしましょう。

対人場面でスキルを何度も繰り返して使っていると、初めのうちは意識して使っていたのが、いちいち「スキルを使っている」と意識しなくても、体が覚えてきて、表情や身振り手振り、言葉が、自然に出てくるようになります。

その場に適したスキルが必要に応じて自動的に実行されるようになることが、〝スキルを身につけた〟と言える状態です。「意識してスキルを使う」という状態が、「いつの間にかスキルを使っていた」という状態になるまで、繰り返して使い続けましょう。

6　ときおり振り返る

ソーシャルスキルは、まずは意識して使う段階があり、次いで、繰返し使って意識しなくても実行できる段階になります。この段階が、右に述べたように〝スキルを身につけた〟段階ですが、さらにソーシャルスキルに磨きをかけるには、自らのスキルの様子をときおり振り返り、改めて意識する必要があります。つまり「意識する」―「無意識に実行する」―「意識する」というサイクルを繰り返して、磨きをかけるのです。

すっかり自分のものになってしまっているソーシャルスキルも、ときおり振り返ってみると、ある人に効果があっても別の人には効果がなかったり、ある状況には適していても、新たに発生した別の状況にはむしろ不適切であったりするかもしれません。もし、本格的に振り返るのであれば、一定期間、ソーシャルスキルに関する記録を付けてみるとよいでしょう。いつ、どこで、誰に対して、どのようなスキルを使って、その効果（自分の反応と、相手の反応）はどうであったかを記録するのです。これを、一年のうちに一、二回、一週間だけやってみるのです。

7　自分なりのマニュアル集を作る

自分の職場で必要なソーシャルスキルや、自分が使って効果があると思えるソーシャルスキルについて、マニュアル化しておきましょう。ここで言うマニュアル化とは、対人的な目標を手に入れるために実行すべきソーシャルスキルの手順を、言葉や図を使って記録しておくことです。先の「3　スモールステップを踏む」で述べたように、一つのソーシャルスキルを細かいステップに分けて記述し、それを実行する順番に並べます。

たとえば「人の思いを上手に聴きとる」という対人目標を達成するためには、どのような手順を踏めばよいのか自分なりにその手順を決めておきます。具体的にどのようなスキルを使えばよいかは、2章の「思いを受け容れる傾聴スキル」の八つのスキルが参考になりますが、人によっては、これら八つのうち、必要なスキルもあれば必要ではないスキルもあるでしょう。自分なりに、必要なスキルを取捨選択し、また、この八つ以外にも必要だと思うスキルがあればそれも加えます。先の「6　ときおり振り返る」の最後の部分で述べた、一定期間、記録したソーシャルスキルの記録も重要な情報になります。こうして、自分用の「人の思いを上手に聞きとるスキル」のマニュアルを作るのです。

人間関係の問題において「マニュアル」と聞くと、それだけで「マニュアル人間」を思い浮かべて毛嫌いする向きもあります。確かに、マニュアルは、一定の状況に対して固定的な行動をするよう定めて、それを機械的に強制するようなイメージがありますが、ここで言うマニュアルは、自分のために、自分で作って自分で実行することを明文化したものです。ほかの人と同じように振る舞うことをめざすものではありません。

それぞれのソーシャルスキルについてマニュアルができたら、それを集めてマニュアル集にします。そして、職場の人間関係に行き詰まったときや悩んだときに、このマニュアル集を開いて、自分がどのような振る舞いをしているのか改めて振り返ってください。先に述べた「6　ときおり振り返る」のときにも、このマニュアル集が役立ちます。

また、このマニュアル集は、人間関係に行き詰まったり悩んだりしている同僚や後輩に、具体的なソーシャルスキルを教えてあげるときに役立ちます。

この章では、効果的にソーシャルスキルを身につけたり磨いたりする方法について述べてきましたが、ソーシャルスキルを身につけたり磨いたりすることは、本来の目標ではありません。本来の目標は、上司として、または部下として、職場で活躍することです。ソーシャルスキルは、その目標を手に入れるための手段に過ぎません。本来の目標を手に入れるために、適切で効果的なソーシャルスキルを身につけて、それに磨きをかけてください。

ネズ, A. M.・ネズ, C. M.・ペリ, M. G.　高山　巌（監訳）(1993). うつ病の問題解決療法　岩崎学術出版社

坂田桐子・淵上克義（編）(2008). 社会心理学におけるリーダーシップ研究のパースペクティブI　ナカニシヤ出版

田中健吾（2007). 職場ストレスと社会的スキル　菊池章夫（編著）社会的スキルを測る――KiSS-18ハンドブック――　川島書店　pp. 52–70.

田中健吾（2012a). 勤労者を対象とした心理的ストレス反応尺度の項目反応理論による検討　大阪経大論集, **63** (3), 137–150.

田中健吾（2012b). ストレス　井上ウィマラ・葛西賢太・加藤博己（編）仏教心理学キーワード事典　春秋社　pp.217.

引用文献

相川　充（2008）．先生のためのソーシャルスキル　サイエンス社

相川　充（2009）．新版　人づきあいの技術――ソーシャルスキルの心理学――　サイエンス社

チャルディーニ, R. B.　社会行動研究会（訳）（2014）．影響力の武器［第三版］――なぜ, 人は動かされるのか――　誠信書房

Dolcos, S., & Albarracin, D. (2014). The inner speech of behavioral regulation : Intentions and task performance strengthen when you talk to yourself as a You. *European Journal of Social Psychology*, **44**, 636–642. (Published online 23 June 2014 in Wiley Online Library (wileyonlinelibrary.com) DOI : 10.1002/ejsp.2048)

エクマン, P.・フリーセン, W. V.　工藤　力（訳編）（1987）．表情分析入門――表情に隠された意味をさぐる――　誠信書房

ゴードン, T.　近藤千恵（訳）（1977）．親業――新しい親子関係の創造――　サイマル出版

Hudson, F. M. (1999). *The handbook of coaching : A comprehensive resource guide for managers, executives, consultants, and human resource professionals*. San Francisco : Jossey-Bass Publishers.

菊池章夫（編著）（2007）．社会的スキルを測る――KiSS-18ハンドブック――　川島書店

小杉正太郎（2003）．社内うつ――職場ストレスのコントロール術――　講談社

Lazarus, R. S. (1999). *Stress and emotion*. New York : Springer.

Lazarus, R. S., & Folkman, S. (1984). *Stress, appraisal, and coping*. New York : Springer.

村井潤一郎（2005）．出会う　和田　実（編著）男と女の対人心理学　北大路書房　pp.1–17.

中村　真（1991）．情動コミュニケーションにおける表示・解読規則　大阪大学人間科学部紀要, **17**, 115–146.

著者略歴

相川《あいかわ》　充《あつし》

専門：社会心理学（対人心理学），ソーシャルスキルに関する理論とトレーニングについて研究している。

1978年　茨城大学人文学部卒業

1983年　広島大学大学院教育学研究科博士課程修了

現　在　筑波大学大学院人間総合科学研究科教授　博士（心理学）

主著：「新版　人づきあいの技術」（サイエンス社）

「チームワーク能力 UP ゼミ」シリーズ全5巻（思いを伝える記号化スキル／話し合いを深める同調スキル／メンバーへの情緒支援スキル／チームの状況把握スキル／リーダーの公平対応スキル）［Kindle 版］（ベネッセ）

「反常識の対人心理学」［電子書籍］（NHK 出版）

「イラスト版子どものソーシャルスキル」（共著，合同出版）

「コミュニケーションと対人関係」（共編著，誠信書房）

「人間関係を支える心理学」（共編著，北大路書房）など

田中《たなか》　健吾《けんご》

専門：臨床心理学（産業心理臨床），心理的ストレスに関する基礎研究と産業領域での臨床活動を行っている。

1998年　早稲田大学人間科学部卒業

2000年　東京学芸大学大学院教育学研究科修士課程修了

2006年　早稲田大学大学院文学研究科博士後期課程修了

現　在　大阪経済大学経営学部教授　博士（文学）・臨床心理士

主著：「ソーシャルスキルと職業性ストレス」（晃洋書房）

「対人プロセスと心理的諸問題」（監訳，晃洋書房）

「産業・組織心理学への招待」（共著，有斐閣）など

ライブラリ　ソーシャルスキルを身につける―2

上司と部下のための

ソーシャルスキル

2015年6月25日© 初 版 発 行

著 者 相川　充　　発行者 木 下 敏 孝
　　　田中健吾　　印刷者 山 岡 景 仁
　　　　　　　　　製本者 小 高 祥 弘

発行所　株式会社 サイエンス社
〒151-0051　東京都渋谷区千駄ヶ谷1丁目3番25号
営業 ☎(03) 5474-8500 (代)　振替 00170-7-2387
編集 ☎(03) 5474-8700 (代)
FAX ☎(03) 5474-8900

印刷　三美印刷　製本　小高製本工業

《検印省略》

本書の内容を無断で複写複製することは，著作者および出版者の権利を侵害することがありますので，その場合にはあらかじめ小社あて許諾をお求め下さい。

ISBN978-4-7819-1364-3

PRINTED IN JAPAN

サイエンス社のホームページのご案内
http://www.saiensu.co.jp
ご意見・ご要望は
jinbun@saiensu.co.jp まで.

セレクション社会心理学20

新版 人づきあいの技術

ソーシャルスキルの心理学

相川　充 著

四六判・336ページ・本体1,800円（税抜き）

本書は，ソーシャルスキル研究における「バイブル的存在」と評価の高い書の新版です。近年の研究成果（2000年以降の国内・国外の知見）を積極的に取り入れ，時代の流れに伴って変化した用語は修正し，表現もわかりやすいものに改めました。図表は必要に応じて修正し，新しいものも採用しました。ソーシャルスキル・トレーニングやソーシャルスキル教育に関心のある方にもお薦めの一冊です。

【主要目次】

1　ソーシャルスキルという考え方
2　人の話を聴くスキル
3　自分を主張するスキル
4　対人葛藤に対処するスキル
5　ソーシャルスキルのモデルと構造
6　ソーシャルスキルとは何か
7　ソーシャルスキルを測る
8　ソーシャルスキルの不足がもたらすもの
9　ソーシャルスキルをトレーニングする
10　ソーシャルスキルをめぐる問題と今後の展開

サイエンス社